托盘租赁公司运营优化方法与策略

任建伟　陈春花　著

西南交通大学出版社
·成　都·

图书在版编目（CIP）数据

托盘租赁公司运营优化方法与策略 / 任建伟，陈春花著. -- 成都 : 西南交通大学出版社，2025. 8.
ISBN 978-7-5774-0471-4

Ⅰ. F253

中国国家版本馆 CIP 数据核字第 2025Y2W131 号

Tuopan Zulin Gongsi Yunying Youhua Fangfa yu Celüe

托盘租赁公司运营优化方法与策略

任建伟 陈春花 著

策划编辑 周 杨
责任编辑 罗爱林
助理编辑 卢韵玥
责任校对 左凌涛
封面设计 何东琳设计工作室
出版发行 西南交通大学出版社
（四川省成都市金牛区二环路北一段 111 号
西南交通大学创新大厦 21 楼）
营销部电话 028-87600564 028-87600533
邮政编码 610031
网 址 https://www.xnjdcbs.com
印 刷 成都勤德印务有限公司
成品尺寸 170 mm × 230 mm
印 张 6.75
字 数 126 千
版 次 2025 年 8 月第 1 版
印 次 2025 年 8 月第 1 次
书 号 ISBN 978-7-5774-0471-4
定 价 35.00 元

前　言

在物流行业中，托盘扮演着至关重要的角色。随着全球化贸易的不断扩大和供应链管理的日益复杂化，托盘租赁服务的需求呈现出显著的增长趋势。然而，面对激烈的市场竞争和客户需求的多样化，托盘租赁公司需要探索更为高效、经济且可持续的运营模式，以提升服务质量、降低运营成本、实现资源的最优配置。本书以托盘租赁公司的运营优化为研究对象，全面探讨了托盘租赁公司在定价、服务站选址与托盘调度的联合优化、车队规模配置与托盘调度的联合优化、多式网络中的托盘调度优化、可复用物流资源调度优化等方面的优化策略与方法，研究成果能为托盘租赁公司科学决策提供支持。本书的主要内容包括：

第 1 章介绍了本书的选题背景、国内外研究现状，以及本书的研究目标、研究方法、特色和创新。

第 2 章深入分析了托盘租赁系统的运营机制，基于收益管理理念提出了一种创新的两级定价策略：市场执行价格和重点客户实际执行价格，并构建了相应的定价模型。通过案例企业的实证研究证实了方法的有效性。

第 3 章研究了托盘租赁服务站选址与托盘调度的联合优化方法，采用随机规划和混合整数规划等方法，以市场波动周期为决策周期、利润最大化以及分派和回收最准时化为优化目标构建了双目标优化模型，并使用 Python 软件开发了一种带惯性因子的粒子群算法（IPSO）求解模型，通过算例验证了模型和 IPSO 算法的有效性。

第 4 章研究了托盘租赁服务站车队规模配置和托盘调度的联合优化方法，基于混合整数规划和随机规划方法构建了车队规模配置和托盘调度的联合优化模型，开发了一种带惯性因子的粒子群算法求解模型，并通过算例证明了模型和 IPSO 算法的有效性。

第 5 章为解决多式联运网络中的托盘调度决策难题，构建了多式联运网络中的托盘调度混合整数非线性规划模型，设计了带惯性因子的粒子群算法和带压缩因子的粒子群算法（CPSO）求解模型，算例分析结果验证了模型和算法的有效性。

第 6 章研究了一个多服务站、多周期、多托盘型号的城市共同配送系统中的托盘调度优化问题。采用随机机会约束规划方法构建了城市共同配送系统中的托盘调度随机规划模型，基于 Lingo 软件编写了求解模型的程序，并通过算例验证了模型的有效性。

第 7 章把研究视角从单一的托盘调度优化问题拓展至多种可复用物流资源（包括集装箱、托盘、周转箱等）的调度优化。采用情景规划方法构建可复用物流资源调度多情景规划模型，并以一个典型的可复用物流资源调度问题为例进行了分析，验证了模型的有效性。

目前托盘租赁市场尚处于培育阶段，存在市场供给不足、需求不旺的情况。但从长期来看，我国托盘租赁市场潜力巨大。政府、行业协会、企业应各司其职共同推进托盘租赁业的发展，主要措施包括：（1）政府提高支持发展托盘租赁业的力度。① 从税收、土地使用等政策上支持托盘租赁企业发展；② 设立专项基金扶持龙头托盘租赁企业的发展。（2）行业协会应发挥其作为政府、企业、客户间的桥梁作用。① 积极与政府沟通，反映托盘租赁行业存在的问题，争取政府政策支持；② 推进托盘标准化进程，为托盘租赁业的发展扫清障碍；③ 努力宣传、推广托盘租赁业务。（3）托盘租赁企业应坚持创新发展、精益管理的思想不断发展壮大。① 不断创新服务模式、提高服务质量；② 采用本书所提出的方法进行运营管理优化，从而提高效率并获得最大化收益；③ 推行精益管理，降低运营成本，提高市场竞争力；④ 坚持绿色发展，积极承担社会责任，努力提高企业影响力，实现可持续发展。

本书由任建伟（内蒙古大学）和陈春花（内蒙古农业大学）共同完成。第一章由任建伟和陈春花共同负责。第二到四章由任建伟负责。第五到七章由陈春花负责。硕士研究生林渺胜和刘佳威参与了资料搜集和整理。由于笔者专业视野和学术水平有限，书中难免有不足之处，敬请读者批评指正，特此致谢。

本书得到以下基金的支持：国家自然科学基金（71862026）、内蒙古自治区高等学校“青年科技英才支持计划”（NJYT22095）。

作 者

2024 年 10 月

目 录

第1章 绪 论

1.1 选题背景及研究意义

1.1.1 问题的提出

托盘是物流作业中的基础工具，被誉为20世纪物流领域的两大核心创新之一。托盘作为单元化物流的核心载体，通过将货物进行标准化包装和运输，既能保障货物安全，又能显著提高物流效率、降低物流成本[1]。

托盘租赁模式的兴起可追溯至第二次世界大战后的澳大利亚。作为世界上最早拥有托盘共用系统的国家，澳大利亚的托盘租赁服务由几家领先企业主导，其中路凯（LOSCAM）和集保（CHEP）尤为突出。这些公司在早期便构建了以商业托盘循环共用模式（即租赁模式）为核心的运营体系，市场份额占比高达65%～70%。随着全球贸易的蓬勃发展和物流需求的激增，托盘租赁公司开始将业务拓展至全球范围，北美、欧洲以及亚洲等地逐渐成为托盘租赁服务的重要市场。以CHEP为例，该公司已在全球超过50个国家和地区设立了服务中心，拥有超过3亿片托盘的全球物流网络，为各行各业的客户提供服务。进入21世纪，随着物联网、大数据、人工智能等技术的快速发展，托盘租赁公司也迎来了智能化转型的关键时期。托盘租赁公司通过引入智能追踪系统、大数据分析平台等先进技术，能够实现对托盘的实时监控、路径优化以及库存管理，极大地提高了运营效率和客户满意度。

托盘租赁服务在物流体系中占据重要地位，为企业提供租赁托盘，有效削减了物流成本并加速了物流流程。然而，随着市场环境的竞争加剧以及消费者需求的多元化，托盘租赁公司在运营中遭遇了多重挑战[2]。

近年来，随着中国物流业的快速发展和电商行业的崛起，托盘需求量急剧增加。据统计，2016 年以来，我国托盘年产量从 2.92 亿片稳步增长至 2023 年的 3.55 亿片，8 年间增幅达 24.6%（如图 1-1 所示）。托盘市场保有量由 2003 的 1 亿片增加至 2023 年的 17.5 亿片，年均增长率超过 7%，数量增幅超过 17 倍（如图 1-2 所示）。这些数据无疑表明，我国托盘市场正处于一个高速发展的黄金时期。然而，在总量增长的同时，我们也应看到，我国人均托盘保有量仅为 1 片左右，与发达国家人均约 7 片的水平相比，存在显著差距。这一结构性问题不仅反映了我国托盘普及程度的不足，也揭示了托盘租赁市场在未来发展中有巨大空间。

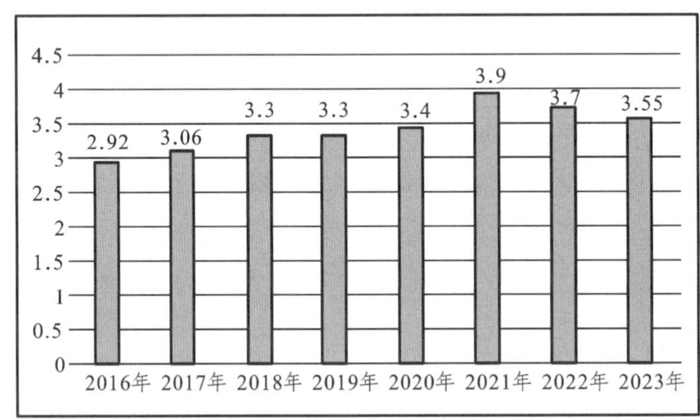

图 1-1　2016—2023 年托盘年产量

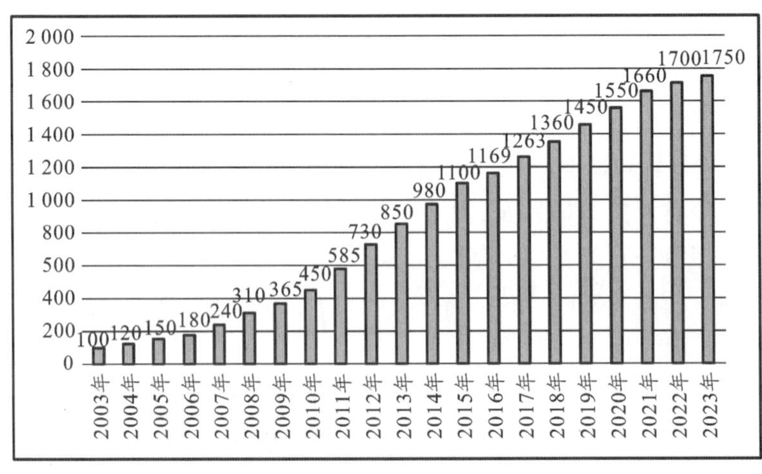

图 1-2　2003—2023 年托盘保有量

循环共用托盘池作为托盘租赁市场的重要组成部分，近年来也呈现出强劲的增长势头。从2017年的2100万片增加至2023年的4000万片，增长比例达到90.5%。循环共用托盘池的扩大，不仅有助于减少一次性托盘的使用，降低资源浪费和环境污染，还促进了物流作业的标准化和效率提升。随着循环共用托盘池体量的增加，如何有效管理这些托盘，确保其高效流通和循环利用，成为托盘租赁公司需要解决的问题。

因此，本书围绕托盘租赁公司运营优化，依次从托盘租赁的定价策略、服务站选址与托盘调度联合优化、车队规模与托盘调度联合优化、多式联运中的托盘调度决策、城市共同配送中的托盘调度优化、多种复用物流资源（包括集装箱、托盘、周转箱等）方面进行了深入探讨，帮助托盘租赁公司实现效率提升、收入增加、成本降低和碳排放减少。研究成果能为托盘租赁公司提供科学的决策支持，对优化运营管理、提高服务质量具有指导意义。

1.1.2 理论意义

托盘租赁正逐步成为物流领域广泛采纳的先进管理模式，能够促进物流效率与经济效益的双重提升。本书是第一部对托盘租赁公司运营优化进行研究的专著，其理论意义主要体现在：

（1）填补学术空白。

当前学术界缺乏针对托盘租赁运营优化的系统性研究，本书采用收益管理、随机规划、线性规划、非线性规划、粒子群算法等多种技术，对托盘租赁公司的运营策略进行全面剖析，填补了该领域理论研究的空白。内容涵盖了托盘租赁公司的定价策略、服务站选址、车队规模配置、托盘调度等核心问题，从而构建了一个完整且系统的研究框架，为后续的学术研究和行业实践提供了坚实的理论基础，有助于推动托盘租赁公司运营优化领域研究的深入发展。

（2）深化物流资源管理理论。

托盘作为物流资源管理的重要组成部分，其租赁模式的优化不仅直接关系到物流效率的提升，更对物流资源的循环利用和可持续发展产生着深远的影响。然而，在过去的研究中，对托盘租赁的优化问题并未得到充分的关注。为了深化对物流资源管理理论的理解和认识，本书将研究焦点聚焦于托盘租赁的定价、调度、协同管理等关键问题，揭示了托盘租赁模式优化与物流资源循环利用、可持续发展之间的内在联系，提出了一系列创新性的理论观点和实践策略，推动了物流资源管理理论的进一步发展，也为托盘租赁公司乃至整个物流行业的可持续发展提供了有力的理论支撑。

（3）促进交叉学科融合。

本书在研究过程中，融合了管理学、运筹优化、经济学等多个学科的知识和方法，促进了不同学科之间的交叉融合，为物流管理和运营优化领域的研究提供了新的视角和思路。

1.1.3 实践意义

（1）指导托盘租赁公司运营。

本书将为托盘租赁企业的经营管理提供理论依据与技术支撑，解决托盘租赁企业在定价不合理、作业效率不高、资源浪费等方面所遇到的问题，为托盘租赁企业的经营管理提供具体的作业指导与决策依据，从而提高托盘租赁企业的运作效率与市场竞争力。

（2）推动物流行业绿色发展。

通过优化托盘租赁模式，减少一次性托盘的使用，降低资源浪费和环境污染，本书有助于推动物流行业的绿色发展，符合当前全球可持续发展的趋势和要求。

（3）推动我国物流业的转型升级。

在物联网、大数据等技术迅猛发展的背景下，我国物流业进入了转型升级的重要阶段。本书将为托盘租赁企业实现智慧转型提供理论支撑，对促进我国物流业的信息化、智能化升级具有重要意义。

1.1.4 小 结

总之，本书是从国家物流行业重大需求中提炼出的科学研究。研究成果能进一步完善现有托盘共用理论，具有学术价值，而且还能帮助托盘租赁企业科学开展托盘租赁业务，促进我国托盘租赁行业的发展，助力我国提高物流效率、降低物流成本、促进绿色物流的发展。

1.2 国内外研究现状

由于托盘租赁仅是实现托盘共用的一种模式，所以我们将从托盘共用的角度进行国内外研究现状分析。在学术领域，早在20世纪60年代，欧美发达国家就已开始了对托盘共用的研究，而我国则是从2001年才开始的[3]。下面将从5个方面对托盘共用领域的主要研究成果进行分析。

1.2.1 托盘共用效益分析

托盘共用的经济、社会效益非常显著。坂井健二指出发展托盘共用对企业和自然环境均有利[4]。Don[5]，Raballand和Carroll[6]都认为托盘共用不仅能节约成本，而且能提高物流效率。Witt通过对CHEP的研究证明了托盘共用的效用[7]。Orlandi指出发展托盘共用对意大利来说意义重大[8]。Brindley指出PLUS托盘共用系统对美国具有重要意义[9]。吴清一、孟国强和孙珂[10]、李太平[11]以及何彦东等[12]均声明发展托盘共用对中国来说意义重大。Brindley认为中国托盘共用市场的未来潜力巨大[13]。Zhang指出发展托盘共用有助于提高中国物流业的效率[14]。

企业对托盘共用的认可度越来越高是托盘共用具有良好效益的最好证明。2014年，Michel在美国对托盘使用企业调研后发现，57%的被访企业更倾向于发展托盘共用，同比增加了13%[15]。

综上所述，建设托盘共用系统的效益非常显著。对于转型期的中国来说，发展托盘共用对提高物流效率、提升经济活力具有重要意义。

1.2.2 托盘共用模式分析

目前大部分关于托盘共用模式的文献是对模式分类和比较的研究。传统观点认为托盘共用的模式主要包括租赁、交换和租换并用模式（租换并用是租赁和交换两种模式结合），专家学者认为一个国家内可同时推行租赁和交换模式的托盘共用系统，即租换并用模式[16]。Harris 和 Worrell 则将托盘共用的模式分成了所有权转移、交换、第三方拥有、第三方管理和私有 5 种[17]。第三方拥有托盘共用系统即托盘租赁，而第三方管理托盘共用系统和私有托盘共用系统实质都是企业内部的托盘共用，不能算作真正意义上的“托盘共用”。因此可以总结为，基本的托盘共用模式主要包括所有权转移、租赁和交换 3 种。事实上，根据托盘交换时间，可将交换模式细分为直接交换和延迟交换 2 种。托盘共用模式比较如表 1-1 所示。

表 1-1　托盘共用模式比较

	租赁	交换（包括直接交换和延迟交换）	所有权转移
角色组成	托盘租赁服务提供商+客户	供应链上下游合作伙伴	供应链上下游合作伙伴
优点	专业管理，各自专注核心竞争力，能显著降低客户物流成本	投资小、操作简单	投资小、操作简单
缺点	投资大、操作复杂	合作伙伴间的托盘质量不一致将影响合作	上下游企业之间交易不均衡将导致下游企业不愿意购买托盘，或者上游企业不愿意出让托盘

在我国，王世鹏和顾学明认为租赁模式较为适用[18]。赖郁尘[19]则建议我国应采取租换并用模式发展托盘共用系统。金寿松等[20]借鉴商业银行的运作模式提出了“托行”模式。

目前有关托盘共用模式量化选择方法的研究还非常少：

Ray 等[21]和 Roy 等[22]发现，如果以 CHEP 的收费方式计算，企业租赁托盘的费用要高于自己购买托盘，也即说明企业不应选择构建租赁式托盘共用系统（需要说明的是，Lacefield[23]和 Mosqueda[24]指出选择租赁托盘还是自有托盘，需根据企业的实际情况决定，这或许是 Ray 等和 Roy 等得出与主流观点相反结论的原因）。

Gnoni 等[25]以 EPAL 为对象，从作业时间的角度研究了直接交换和延迟交换模式的选择方法。随后，Elia 等[26]同时从运作成本（包括托盘购买成本和“收盘凭证”签发成本）和作业时间两个角度研究了直接交换和延迟交换模式的选择方法，但他们仅站在了物流公司的视角研究该问题，属于局部优化。

由此可知，目前仅有 4 篇文献研究了托盘共用模式的量化选择问题，且存在一定的弊端：仅从单个企业的视角研究了托盘共用模式的选择，不符合供应链管理的思想；仅从运作成本和作业时间两个角度研究了直接交换和延迟交换模式的选择，且运作成本仅考虑了托盘购买成本和“收盘凭证”签发成本；对租赁式托盘共用系统成本的研究，仅以 CHEP 在美国的收费方式为基础，但该方式颇受诟病，在我国经营的托盘租赁公司（包括 CHEP 在内）均不采用该模式。

1.2.3 托盘共用供应链管理及信息化建设

托盘在供应链上下游间的高效流动，依赖于有效的供应链管理和信息管理。Elia 等设计了一个闭环托盘管理供应链系统，该系统由托盘供给者、托盘回收者、上游客户和下游客户组成[26]，徐琪设计了一个基于射频识别技术（radio frequency identification，RFID）技术的托盘共用电子商务信息平台，该平台能够实现信息的实时采集、处理和交换[27]。CPC（加拿大托盘协会）开发了一套 CTS web 系统对其托盘共用系统进行全面管理[28]。Gnoni 等[29]和 Kim[30]研究了使用 RFID 技术对托盘进行跟踪定位的方法。金寿松等设计了一套基于 RFID 技术的托盘管理信息系统，能实现托盘出租回收和仓储管理等功能。Zhao 提出了基于快速响应 XML 的托盘共用供应链信息服务框架模型[31]。Achamrah[32]等对闭环供应链中托盘等可复用资源的管理方式进行研究，比较了托盘在企业自用和托盘共享两种情况下对每个企业的物流成本和物流效率的影响，结果表明托盘共用这种协同运作能够使托盘共用系统内各方互惠互利。

1.2.4 托盘共用调度模型及算法

调度问题是托盘共用系统运作管理的核心问题，调度方案的优劣直接关系到托盘共用系统的存亡。一个完整的托盘共用调度作业包括购买、租赁、分派、再分派、回收、维修、处理等过程（如图 1-3 所示），且需要考虑托盘毁坏、丢失等问题，非常复杂，因此成为全世界托盘共用企业共同面临的难题[33]。

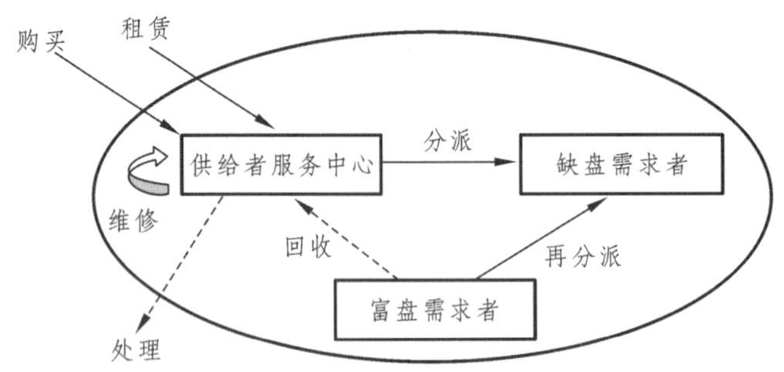

图 1-3 托盘共用调度作业

Mosqueda[24]提出管理者如果不能有效控制调度成本，托盘共用系统就不可能获得成功。LeBlanc[28]和 Brindley[33]指出，加拿大最大的托盘共用系统 CPC 和美国 PECO 公司的高层领导人均认为，毁坏率是影响托盘调度效率的最主要因素。Doungpattra 等针对宠物食品行业的托盘调度问题进行了研究[34]。Ni 等基于托盘生命周期分析，建立了考虑生产、分派、再分派、回收、维修等托盘全生命周期的调度模型[35]。周康等考虑调运时间约束构建了托盘共用系统调度优化模型[36]。Zhou 等设计了一套克隆免疫算法求解托盘共用调度模型，较传统的遗传算法更加有效[37]。

现有托盘调度的文献大多从理论的角度探讨调度模型和算法，却没有实际数据作为支撑，严重影响了结果的可信性和实用性。

1.2.5 托盘共用其他问题

尽管托盘共用获得了快速发展，但托盘丢失率高、碳排放测定难、定价复杂、标准化难等问题却仍未得到有效解决。Baker 讨论了托盘丢失的法制问题[38]。Carrano 等认为实行托盘共用能够降低碳排放[39]。Bengtssona 和 Logiea 提出托盘共用较一次性托盘更加环保[40]。Tornese 等的研究表明托盘共用能促进托盘再制造，进而二氧化碳当量排放可减少高达 40%[41]。Tornese 等进一步研究了不同作业条件下托盘共用系统对环境的影响[42]。徐琪提出的考虑租期和返回率影响的协调优化定价策略，使托盘租赁服务供需双方共同获利[27]。1200 mm×1000 mm 规格的托盘被认为应为中国的标准托盘[3,19]，商务部等10部门于2017年年底发布了《关于推广标准托盘发展单元化物流的意见》，要求推广应用该标准托盘。

1.2.6 小 结

通过国内外研究现状可知，目前，有关托盘共用系统的研究还较少，特别是尚无针对定价、服务站选址与托盘调度的联合优化、车队规模配置与托盘调度的联合优化、多式网络中的托盘调度优化、可复用物流资源调度优化等问题的研究。

1.3 研究目标与方法

1.3.1 研究目标

本书在全面分析托盘租赁公司运营模式的基础上，深入探讨了托盘租赁公司在定价、服务站选址与托盘调度的联合优化、车队规模配置与托盘调度的联合优化、多式网络中的托盘调度优化、可复用物流资源调度优化等方面的优化策略与方法，旨在为推动我国托盘租赁业快速健康发展提供理论指导。同时，本书也将创新性地构建基于收益管理的两级定价模型、基于随机规划和混合整数规划的托盘租赁服务站选址与托盘调度双目标优化模型、基于混合整数规划和随机规划方法的车队规模配置和托盘调度联合优化模型、多式联运网络中的托盘调度混合整数非线性规划模型、城市共同配送系统中的托盘调度随机规划模型、可复用物流资源调度多情景规划模型等模型，旨在拓展最优化理论和方法。

1.3.2 研究方法

本书将利用经典管理决策理论和方法、收益管理理论、整数规划理论、0-1规划理论、随机规划理论、机会约束规划理论、粒子群算法等作为主要的理论方法，应用LINGO、MATLAB、Python等软件，由浅入深地对托盘租赁公司的定价优化、托盘服务站选址与托盘调度的联合优化、托盘服务站车队规模配置与托盘调度的联合优化、多式联运网络中的托盘调度优化、城市共同配送系统中的托盘调度优化、可复用物流资源调度优化等问题进行研究。

1.3.3 特色和创新

本书是对托盘租赁公司运营优化进行研究的专著，其创新之处主要表现在以下几方面：

（1）研究视角。

本书立足于托盘租赁公司的运营优化，从全新的视角对托盘租赁行业进行了深入探讨。与以往研究不同，本书不仅关注托盘租赁公司的单个运营环节，而且是将整个运营体系纳入研究范畴，全面分析了定价、服务站选址与托盘调度的联合优化、车队规模配置与托盘调度的联合优化、多式网络中的托盘调度优化、可复用物流资源调度优化等多个方面的优化策略，为托盘租赁公司的整体运营优化提供了系统性的解决方案。

（2）理论模型。

本书在理论研究方面取得了显著成果，创新性地提出了基于收益管理的两级定价模型、基于随机规划和混合整数规划的托盘租赁服务站选址与托盘调度双目标优化模型、基于混合整数规划和随机规划方法的车队规模配置和托盘调度联合优化模型、多式联运网络中的托盘调度混合整数非线性规划模型、城市共同配送系统中的托盘调度随机规划模型、可复用物流资源调度多情景规划模型等模型。

（3）实践应用。

本书的研究成果不仅在理论上具有创新性，而且也具有重要的实践应用价值：通过实证研究验证了新提出的定价优化方法能够显著提高托盘租赁公司的收入；新提出的服务站选址与托盘调度的联合优化方法、车队规模配置与托盘调度的联合优化方法、多式网络中的托盘调度优化方法、可复用物流资源调度优化方法也能显著提高托盘租赁公司的运营效率。

第 2 章　托盘租赁公司定价优化方法

本章将深入分析托盘租赁系统的运营机制，分析现有定价模式的不足，并基于收益管理理念，综合考虑托盘供给能力、市场总需求量、客户价值和租赁时间等因素提出一种创新的两级定价策略：市场执行价格和重点客户实际执行价格，并构建了相应的定价模型。通过案例企业的研究证实了方法的有效性，案例企业使用该方法对托盘租赁价格重新定价后，收入同比提高了 5%。本章的研究成果为托盘租赁公司提供一种科学的定价优化方法，有助于提升市场竞争力和盈利能力，推动公司的可持续发展。

2.1　托盘租赁问题描述

托盘租赁（Pallet Rental）是实现托盘共用的有效模式，该模式的运行机制是，托盘租赁企业拥有托盘并管理托盘共用系统的运营，客户与该企业签订合同后就可以有偿使用其提供的服务，包括托盘供给、回收、检测、维修等。如果某条供应链上的企业均注册为该托盘租赁企业的客户，则供应链上的企业就可以使用该企业提供的服务，实现供应链上下游企业之间的一贯化作业，即发货方从租赁企业处租用托盘后，使用托盘运输货物到最终收货方，收货方卸载货物后将托盘返还租赁企业，如图 2-1 所示。

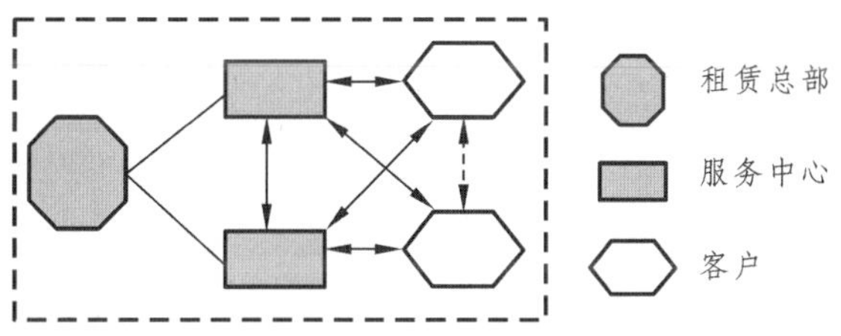

图 2-1　托盘租赁系统的运行机制

为了实现收益最大化和顾客满意最大化之间的平衡，全球所有托盘租赁企业都试图用更加科学的方式制定租赁价格。但总体来看，目前的定价模式主要有两种：一种是 CHEP 定价模式；另一种是 PECO 定价模式。

集保（Commonwealth Handling Equipment Pool，CHEP）是全球第一大托盘租赁公司，主要提供木托盘的租赁服务。CHEP 收费项目众多、定价非常复杂，包括发行费（将托盘运输给客户的费用）、日租赁费（每日向客户收取的租赁费）、中转费（生产商运输重托盘给分销商时 CHEP 收取中转费）、回收费（将托盘从客户处回收的费用）以及丢失惩罚费。CHEP 托盘平均一次出租周期为 44 d，对每个托盘每次出租收取 5 ~ 6 美元的租金。具体定价模式如图 2-2 所示。

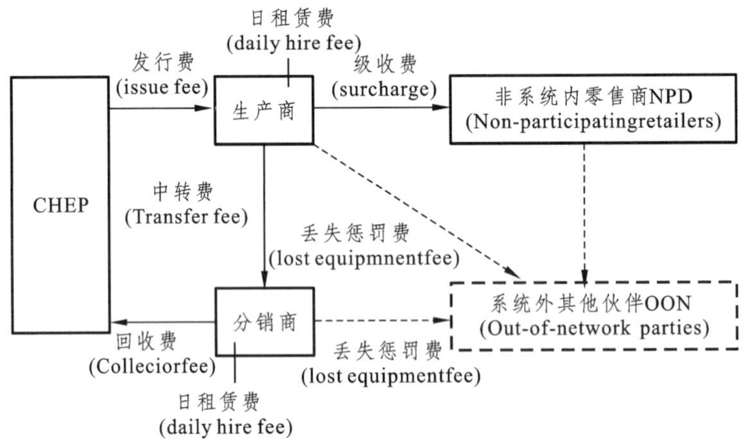

图 2-2　CHEP 的托盘租赁定价模式

PECO PALLET（简称 PECO）是美国第三大托盘租赁公司。PECO 的定价基于两个基础：对每托盘收取的固定费率；以顾客平均租赁时间为基础而确定的每个托盘日租赁费率。PECO 会与每个客户协商后确定一个最终的费率，且该费率至少保持 6 个月不变。

相较于 CHEP 的定价来说，PECO 的定价要简单得多，是较受认可的一种定价模式。因此，目前我国很多托盘租赁企业也在使用该种定价模式。然而这种定价模式也有缺点，该模式仅根据客户的租赁时间对确定的固定费率进行调整，忽略了市场的因素。用于租赁的托盘属于易逝品，采用这种固定费率定价，很可能与市场要求不符。当市场不景气时，可能由于该固定费率过高而失去客户；当市场繁荣时，又可能由于该固定费率过低而影响企业的收益。

2.2　基于收益管理的托盘租赁定价方法

收益管理（Yield Management 或 Revenue Management）是指把产品按不同的价格适时地卖给不同类型的货主，从而获得最大的利润[43]。收益管理的思想非常适用于对易逝品的定价，目前该思想已在机票定价、酒店定价、铁路客票定价、出租车价格定价等领域得到了广泛应用，并取得了显著的效果。

采用收益管理的思想定价时必须基于市场定价，而非基于成本定价。因此托盘租赁企业应及时根据市场的变化制定市场执行价格，该价格对所有客户有效。同时，为了更好地维护与重点客户的关系，在市场执行价格的基础上，托盘租赁企业应对重点客户给予一定优惠，与每个重点客户议定针对它的实际执行价格。

2.2.1　市场价格定价方法

对于目前我国的托盘租赁市场来说，价格的波动并不会导致需求的显著变化，这是因为：① 目前我国可提供托盘租赁服务的企业屈指可数，因此具有一定垄断性。② 由于客户对托盘租赁服务尚不熟悉，因此其在选择托盘租赁企业时并不会将价格作为决定性因素，而更看重的是托盘租赁服务商是否能帮助其显著提高物流效率、降低物流成本。③ 目前我国托盘租赁市场的发展仍然靠政府的推动，托盘租赁市场的供需双方普遍是在政府的引导下合作，因此价格并不是影响合作的重要因素。④ 目前我国市场上每片托盘的租赁价格一般在 0.15 ~ 0.3 元/d，价格较低，因此小幅调整并不会引起客户的强烈反应。因此本书并不研究价格对需求的影响，仅限制价格必须在限定的区间内浮动。决策者基于预测的未来某个时间段的市场情况，以利润最大化为目标，制定该时间段内的市场执行价格。

从收益管理的视角来看，托盘租赁定价必须基于两个最基本的因素：托盘供给能力、市场总需求量。用数学公式可表示为

$$P_t = f(S_t, D_t, P^0) \qquad t \in T \tag{2-1}$$

其中，P_t代表 t 期某托盘租赁企业的租赁市场执行价格；P^0代表某托盘租赁企业的租赁基础价格；S_t代表 t 期该企业可供给的托盘数量；$D_t = \sum_{j \in J} d_t^j$ 代表 t 期该企业所有客户的需求总量，其中 d_t^j 表示 t 期 j 客户的需求量，J 为所有客户的集合；S_t和 D_t均为预测值；T 为决策期长度。

显然，当 $S_t<D_t$，表明托盘租赁企业将面临供不应求的情况，应提高租赁价格；当 $S_t>D_t$ 时，表明托盘租赁企业将面临供大于求的情况，应降低租赁价格；当 $S_t=D_t$ 时，说明该托盘租赁企业将面临供求平衡的情况，应基本保持租赁价格不变。

因此式（2-1）可细化为

$$P_t = \alpha P_t^0 (D_t / S_t) \qquad t \in T \tag{2-2}$$

其中，α为市场执行价格调节系数。由于托盘租赁价格必须在合理区间内波动，因此应为市场执行价格设置最低值和最高值，式（2-2）应进一步精确为

$$P_t = \begin{cases} P_{\min}, & \alpha P_t^0 (D_t / S_t) \leqslant P_{\min} \\ \alpha P_t^0 (D_t / S_t), & P_{\min} < \alpha P_t^0 (D_t / S_t) < P_{\max} \\ P_{\max}, & \alpha P_t^0 (D_t / S_t) \geqslant P_{\max} \end{cases} \qquad t \in T \tag{2-3}$$

其中，$P_{\min}$ 为最低市场执行价格；$P_{\max}$ 为最高市场执行价格。

综上所述，托盘租赁市场执行价格的模型可表示为

$$\begin{aligned} & \max R_t = P_t D_t - C_t \\ & \text{s.t.} \quad P_t = \begin{cases} P_{\min}, & \alpha P_t^0 (D_t / S_t) \leqslant P_{\min} \\ \alpha P_t^0 (D_t / S_t), & P_{\min} < \alpha P_t^0 (D_t / S_t) < P_{\max} \\ P_{\max}, & \alpha P_t^0 (D_t / S_t) \geqslant P_{\max} \end{cases} \\ & \qquad P_t \geqslant 0 \text{且为整数}, \quad t \in T \end{aligned} \tag{2-4}$$

2.2.2　重点客户实际执行价格定价方法

在市场执行价格的基础上，针对重点客户的优惠幅度，可根据客户的评价等级、需求量以及租赁时间确定，即对越重要的客户，给予越多的价格优惠；对租赁托盘数量越多的客户，给予越多的价格优惠；对租赁时间越长的客户，给予越多的价格优惠。因此重点客户实际执行价格可根据式（2-5）确定：

$$P_t^j = \beta_t^j P_t = f(T_t^j, F_t^j, d_t^j) P_t \qquad t \in T \tag{2-5}$$

其中，P_t^j 表示 t 期针对 j 重点客户的实际执行价格；β_t^j 为 t 期针对 j 重点客户的实际执行价格调节系数，该值取决于 T_t^j（t 期 j 客户的租赁时间）、F_t^j（t 期 j 客户的评价等级）和 d_t^j（t 期 j 客户的实际需求量），托盘租赁企业可根据实际情况确定，本书不作赘述。

2.3　托盘租赁公司定价优化案例分析

成都 ZXY 托盘租赁公司成立于 2013 年，该公司是在成都市政府的大力支持下，以构建成都市共同配送系统为契机成立的，主要是为成都市共同配送系统内的相关企业提供托盘租赁服务。

该公司提供的托盘主要是木制托盘，川字形底与田字形底，四面进叉，尺寸为 1200 mm×1000 mm，静载 6 t，动载 1.5 t。公司在成立之初采用了 PECO 的定价模式，但经过近两年的运营后，公司发现该定价模式不能适应市场的变化，严重影响了公司的收益，表 2-1 为公司某年的收入情况（由于企业保密需要，本书对案例公司的名称、数据等作了必要的掩饰性处理）。

表 2-1　成都 ZXY 托盘租赁公司收入情况

月份	供给量/（片·d^{-1}）	需求量/（片·d^{-1}）	实际出租量/（片·d^{-1}）	价格/（元·d^{-1}）	收入/元
1 月	100 000	110 000	100 000	0.2	620 000
2 月	110 000	120 000	110 000	0.2	616 000
3 月	110 000	80 000	80 000	0.2	496 000
4 月	110 000	50 000	50 000	0.2	300 000

续表

月份	供给量/（片·d^{-1}）	需求量/（片·d^{-1}）	实际出租量/（片·d^{-1}）	价格/（元·d^{-1}）	收入/元
5 月	110 000	60 000	60 000	0.2	372 000
6 月	110 000	120 000	110 000	0.2	660 000
7 月	110 000	120 000	110 000	0.2	682 000
8 月	110 000	130 000	110 000	0.2	682 000
9 月	120 000	130 000	120 000	0.2	720 000
10 月	120 000	140 000	120 000	0.2	744 000
11 月	140 000	160 000	140 000	0.2	840 000
12 月	160 000	200 000	160 000	0.2	992 000
合计					7 724 000

为了提高公司的收入，公司领导与课题组经过深入研究后决定按如下方案优化定价：① 每月制定一次托盘租赁市场执行价格，该价格可在 0.15 ~ 0.3 元/d 波动，因为这样的价格基本与目前国内市场上的其他托盘租赁商的价格持平，不会引起客户的不满。② 市场执行价格调节系数设定为 0.9，可使市场执行价格较稳波动。③ 由于精确核算每片托盘的运营成本较为困难，因此此次定价优化的目标是用收入最大化替代利润最大化。经测算，采用优化后的市场执行价格后，该公司的收入可提高 3%，如表 2-2 所示。

表 2-2　成都 ZXY 托盘租赁公司收入情况（测算值）

月份	供给量/（片·d^{-1}）	需求量/（片·d^{-1}）	实际出租量/（片·d^{-1}）	市场执行价格/（元·d^{-1}）	收入/元
1 月	100 000	110 000	100 000	0.21	647 900
2 月	110 000	120 000	110 000	0.21	638 400
3 月	110 000	80 000	80 000	0.15	372 000
4 月	110 000	50 000	50 000	0.15	225 000
5 月	110 000	60 000	60 000	0.15	279 000
6 月	110 000	120 000	110 000	0.21	684 000
7 月	110 000	120 000	110 000	0.21	706 800

续表

月份	供给量/（片·d^{-1}）	需求量/（片·d^{-1}）	实际出租量/（片·d^{-1}）	市场执行价格/（元·d^{-1}）	收入/元
8 月	110 000	130 000	110 000	0.22	765 700
9 月	120 000	130 000	120 000	0.21	741 000
10 月	120 000	140 000	120 000	0.22	824 600
11 月	140 000	160 000	140 000	0.22	912 000
12 月	160 000	200 000	160 000	0.24	1 178 000
合计					7 974 400

2.4　本章小结

现有的托盘租赁定价方法不能适应市场的变化，本章基于收益管理的思想提出了更为科学的定价方法。该方法为：首先在科学预测未来市场供给和需求的基础上，以利润最大化为目标，制定市场执行价格；然后根据重点客户的评价等级、需求量以及租赁时间确定重点客户的实际执行价格。

第 3 章　托盘租赁服务站选址与托盘调度的联合优化方法

第 2 章研究了托盘租赁公司的定价优化问题，基于收益管理理念，综合考虑托盘供给能力、市场总需求量、客户价值和租赁时间等因素，提出了一种创新的两级定价策略，能够帮助托盘租赁公司提高盈利能力。

本章将研究托盘租赁服务站选址与托盘调度的联合优化方法。在对托盘租赁服务站选址和托盘调度的内容和关系进行分析的基础上，采用随机规划和混合整数规划等方法，考虑了决策者偏好、不确定需求、供给和成本结构等因素，以市场波动周期为决策周期、利润最大化以及分派和回收最准时化为优化目标，构建双目标优化模型，并使用 Python 软件开发带惯性因子的粒子群算法求解模型。该算法通过设置惯性因子控制粒子速度的更新，能避免陷入局部最优。通过算例验证模型和算法的有效性，并采用数值分析方法研究服务站运营固定成本、运营变动成本和决策者偏好等关键因素对决策的重要影响。

3.1　托盘租赁服务站选址和托盘调度问题描述

典型的托盘租赁系统由托盘租赁公司和需求者组成。托盘租赁公司将其拥有的托盘有偿出租给需求者使用。需求者支付租金后即可使用租赁的托盘装载货物。

服务站是托盘租赁公司运营的重要基础设施，托盘租赁公司需要通过服务站为需求者提供托盘分派、回收、储存、维修和保养等全方位服务。集保公司目前在我国已经建立了 70 多个服务站，招商路凯也已经建立了超过 25 个服务站（营运中心）。按照商务部《托盘循环共用系统建设发展指引》的要求，我国要“逐步形成全国性大型企业与区域性中小型企业相结合，能够支撑全国托盘循环共用系统运营的托盘租赁服务群体”，因此可以预见我国会有越来越多的托盘租赁公司涌现，托盘租赁服务站的建设将是重要任务。服务站选址问题是托盘租赁公司战略决策的重要问题，是实现托盘租赁系统高效运行、降低调度成本、提高服务水平的关键。

服务站的选址问题可以表述为：决策者根据偏好，并综合考虑运营成本、调度成本以及便利性等因素，从 I 个备选服务站中选出 M 个服务站为需求者提供服务，如图 3-1 所示。

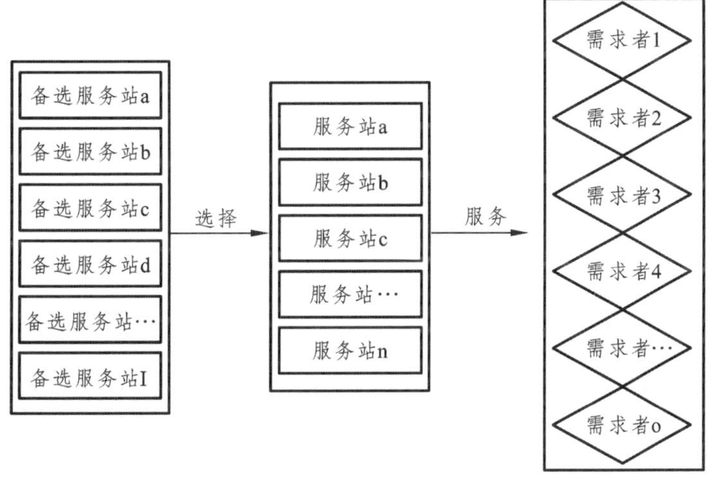

图 3-1　托盘租赁服务站选址

决策者偏好是当今决策研究中应考虑的重要因素，它能反映决策者的意志（如决策者对备选服务站政治环境、自然环境、社会环境等因素的综合评判），使决策结果更具可行性。服务站的运营成本包括固定成本（设施建设等）和变动成本（水电费、人员工资等），它是影响服务站选址的关键因素。服务站最主要的一个功能就是进行托盘调度，因此调度成本应是服务站选址决策中须考虑的一个重要因素。托盘调度是指托盘租赁公司利用服务站向需求者提供托盘（分派），并将需求者使用完后的托盘运回服务站（回收）。需要注意的是，需求者会使用租赁的托盘在供应链上运输货物（承载货物的托盘一般被称为重托盘），但托盘租赁公司无须对这一过程负责，所以不属于托盘调度作业，如图 3-2 所示。因此服务站的调度成本主要包括分派成本、回收成本、库存成本和装卸成本。便利性是指服务站的便利程度，主要体现为托盘租赁公司能否及时地将托盘从服务站运到需求者（以及从需求者处运回托盘）。

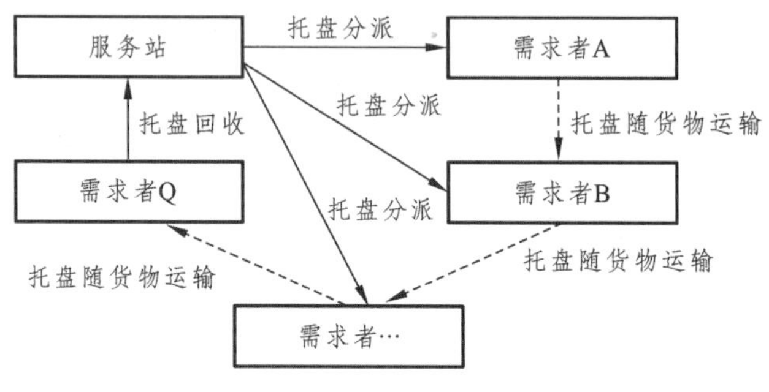

图 3-2　托盘调度流程

一般说来，决策者可通过调研和综合评判方法确定决策者偏好和运营成本，但调度成本和便利性会受不确定需求的影响。本书将考虑需求的不确定性，综合应用随机规划和混合整数规划等方法，对服务站选址和托盘调度进行联合优化。

3.2　托盘租赁服务站选址与托盘调度联合优化模型构建

为了描述模型，须定义如表 3-1 所示的数学符号。

表 3-1　数学符号

类别	符号	含义
标量	$i \in I$	备选服务站
	$j \in J$	需要托盘的需求者
	$o \in J(o \neq j)$	需要回收托盘的需求者（需求者不再续租托盘）
	$p \in P$	托盘型号
	$t \in T$	决策周期
决策变量	X_{ijp}^{t}	t 期从服务站 i 运到需求者 j 的 p 种型号托盘的数量
	X_{oip}^{t}	t 期从需求者 o 运回服务站 i 的 p 种型号托盘的数量
	Y_i	0-1 变量，表示是否选择服务站 i

续表

类别	符号	含义
参数	M	规划的托盘服务站的数量
	ξ_p^t	单位 p 种型号托盘在 t 期的出租价格
	F_i	i 服务站的运营固定成本
	C_i^t	i 服务站在 t 期的运营变动成本
	ℓ_i	管理者对服务站 i 的偏好程度
	C_{ijp}	将 p 种型号托盘从 i 运到 j 的单位运输成本
	C_{ojp}	将 p 种型号托盘从 o 运回 i 的单位运输成本
	C_{ljp}	p 种型号托盘在 i 的单位装卸成本
	C_{kjp}	p 种型号托盘在 i 的单位库存成本
	τ_{ij}^t	t 期将托盘从 i 运到 j 的作业时间，包括运输时间和装卸时间等
	τ_{oi}^t	t 期将托盘从 o 运回 i 的作业时间，包括运输时间和装卸时间等
	ς_j^t	t 期 j 期望的托盘运到的时间（应将托盘及时运达需求者，以免影响客户满意度）
	ς_i^t	t 期 i 期望的托盘运到的时间（应将托盘及时回收，以免造成需求者不满并影响托盘循环使用）
	S_{ip}^t	t 期 i 新进的 p 种型号托盘的数量（如新购入的托盘）
	S_{op}^t	t 期 o 待回收的 p 种型号托盘的数量
	D_{jp}^t	t 期 j 对 p 种型号托盘的确定需求量
	Γ_{jp}^t	t 期 j 对 p 种型号托盘的不确定需求量
	K_{ip}^t	t 期末 i 的 p 种型号托盘的库存量
	K_{0i}^t	t 期 i 的库存能力
	A_{ij}^t	t 期 i 到 j 径路的运输能力
	A_{oi}^t	t 期 o 到 i 径路的运输能力
	υ_p	单位 p 种型号托盘占用的库存能力
	ψ_p	单位 p 种型号托盘占用的运输能力

目前从战略层研究空箱调度的文献普遍存在空箱调度与相关决策在时间维度上不契合的问题，且除陈康等[44]外，大部分研究构建的优化模型

都以成本最小化为目标，这与战略决策以长期效益为目标的实际不相符。本书构建的托盘租赁服务站选址与托盘调度的联合优化模型将以市场波动周期作为决策周期，并以利润最大化以及分派和回收最准时化为优化目标。市场波动对服务站选址有重要影响，以市场波动周期为决策周期，可以实现服务站选址和托盘调度在时间维度上的契合。管理者决策一般以长期效益为目标，因此以利润最大化为优化目标才符合实际。"准时"是保证托盘租赁系统有效运行的必要条件。

目标函数式（3-1）表示决策期内期望利润最大化（利润为收入和成本之差）。托盘租赁服务站的收入为托盘租金（单位托盘出租价格和托盘租出数量的乘积）。托盘租赁服务站的成本包括运营固定成本、运营变动成本、分派成本、回收成本、库存成本和装卸成本。

$$\max R = Y_i\left(\sum_{i\in I}\sum_{j\in J}\sum_{p\in P}\sum_{t\in T}\xi_p^t X_{ijp}^t - \sum_{i\in I}\sum_{t\in T}(1-\ell_i)(F_i + C_i^t) - \right.$$
$$\sum_{i\in I}\sum_{j\in J}\sum_{p\in P}\sum_{t\in T}C_{ijp}X_{ijp}^t - \sum_{o\in J\cap o\neq j}\sum_{i\in I}\sum_{p\in P}\sum_{t\in T}C_{oip}X_{oip}^t -$$
$$\left.\sum_{i\in I}\sum_{p\in P}\sum_{t\in T}C_{kip}K_{ip}^t - \sum_{i\in I}\sum_{p\in P}\sum_{t\in T}C_{lip}\left(\sum_{j\in J}X_{ijp}^t + \sum_{o\in J\cap o\neq j}X_{oip}^t\right)\right) \tag{3-1}$$

目标函数式（3-2）表示将托盘运到需求者以及从需求者收回托盘的时间，与需求者和服务站期望的时间越接近越好，充分体现准时到达的理念。

$$\min F = \sum_{t\in T}\sum_{i\in I}\sum_{j\in J}\left|Y_i(\tau_{ij}^t - \zeta_j^t)\right| + \sum_{t\in T}\sum_{o\in J\cap o\neq j}\sum_{i\in I}\left|Y_i(\tau_{oi}^t - \zeta_i^t)\right| \tag{3-2}$$

最优方案中选择的服务站的数量不能超过决策者规划的数量，即

$$\sum_{i\in I}Y_i \leqslant M \tag{3-3}$$

服务站必须满足所有需求者的需求，需求包括确定需求（已经签约的需求）和不确定需求（尚未签约，但预测存在的需求）两部分，即

$$\sum_{i\in I}Y_i X_{ijp}^t = D_{jp}^t + \Gamma_{jp}^t \tag{3-4}$$

为了提高客户满意度，服务站必须把需求者处待回收的所有托盘全部收回，如式（3-5）所示。

$$\sum_{i\in I}Y_iX_{oip}^t=S_{op}^t \tag{3-5}$$

服务站运输到需求者的托盘数量不能超过其上期的库存和本期新进托盘量之和（随着业务的发展，服务站会不断采购新托盘），如式（3-6）所示。

$$\sum_{j\in J}Y_iX_{ijp}^t\leqslant K_{ip}^{t-1}+S_{ip}^t \tag{3-6}$$

服务站的库存量为上期库存量+本期新进托盘量+本期从需求者收回的托盘量−本期运输到需求者处的托盘量，即

$$K_{ip}^t=Y_i\left(K_{ip}^{t-1}+S_{ip}^t+\sum_{o\in J\cap o\neq j}X_{oip}^t-\sum_{j\in J}X_{ijp}^t\right) \tag{3-7}$$

应考虑服务站库存能力对决策的影响，在服务站存储的所有托盘占用的库存能力不能超过其最大库存能力，即

$$\sum_{p\in P}\upsilon_pK_{ip}^t\leqslant Y_iK_{0i}^t \tag{3-8}$$

应考虑服务站和需求者之间运输径路的运输能力对决策的影响，某径路运输的所有托盘占据的运输能力不能超过该径路的最大运输能力，如式（3-9）和式（3-10）所示。

$$\sum_{p\in P}\psi_pX_{ijp}^t\leqslant Y_iA_{ij}^t \tag{3-9}$$

$$\sum_{p\in P}\psi_pX_{oip}^t\leqslant Y_iA_{oi}^t \tag{3-10}$$

式（3-11）为决策变量的取值约束：

$$X_{ijp}^t,X_{ojp}^t\geqslant 0\text{且为整数};\ Y_i\in\{0,1\} \tag{3-11}$$

3.3　托盘租赁服务站选址与托盘调度联合优化模型求解算法

为求解模型，需将双目标函数转换为单目标函数。首先将求解时间最

接近问题，改为求解惩罚成本最小问题。即将目标函数式（3-2）变为式（3-12），其中 $\Im_j$ 和 $\Im_i$ 为惩罚系数，表示未准时到达须支付的惩罚成本。

$$\min(F') = \sum_{t\in T}\sum_{i\in I}\sum_{j\in J}\sum_{p\in P}\Im_j X_{ijp}^{t}\left|Y_i\ (\tau_{ij}^{t}-\zeta_j^{t})\right| + \sum_{t\in T}\sum_{o\in J\cap o\neq j}\sum_{i\in I}\sum_{p\in P}\Im_i X_{oip}^{t}\left|Y_i\ (\tau_{oi}^{t}-\zeta_i^{t})\right| \tag{3-12}$$

然后再把约束条件（3-12）转换为求解最大化问题：

$$\max F' = -\left(\sum_{t\in T}\sum_{i\in I}\sum_{j\in J}\sum_{p\in P}\Im_j X_{ijp}^{t}\left|Y_i\left(\tau_{ij}^{t}-\zeta_j^{t}\right)\right| + \sum_{t\in T}\sum_{o\in J\cap o\neq j}\sum_{i\in I}\sum_{p\in P}\Im_i X_{oip}^{t}\left|Y_i\ (\tau_{oi}^{t}-\zeta_i^{t})\right|\right) \tag{3-13}$$

将目标函数式（3-1）和（3-13）合并，即可得到新的目标函数：

$$\begin{aligned}\max R' = Y_i\Bigg(&\sum_{i\in I}\sum_{j\in J}\sum_{p\in P}\sum_{t\in T}\xi_p^{t}X_{ijp}^{t} - \sum_{i\in I}\sum_{t\in T}(1-\ell_i)(F_i + C_i^{t}) - \\ &\sum_{i\in I}\sum_{j\in J}\sum_{p\in P}\sum_{t\in T}C_{ijp}X_{ijp}^{t} - \sum_{o\in J\cap o\neq j}\sum_{i\in I}\sum_{p\in P}\sum_{t\in T}C_{oip}X_{oip}^{t} - \\ &\sum_{i\in I}\sum_{p\in P}\sum_{t\in T}C_{kip}K_{ip}^{t} - \sum_{i\in I}\sum_{p\in P}\sum_{t\in T}C_{lip}\left(\sum_{j\in J}X_{ijp}^{t} + \sum_{o\in J\cap o\neq j}X_{oip}^{t}\right) - \\ &\sum_{t\in T}\sum_{i\in I}\sum_{j\in J}\sum_{p\in P}\Im_j X_{ijp}^{t}\left|(\tau_{ij}^{t}-\zeta_j^{t})\right| - \\ &\sum_{t\in T}\sum_{o\in J\cap o\neq j}\sum_{i\in I}\sum_{p\in P}\Im_i X_{oip}^{t}\left|(\tau_{oi}^{t}-\zeta_i^{t})\right|\Bigg)\end{aligned} \tag{3-14}$$

托盘租赁服务站选址与托盘调度联合优化模型为 NP（Nondeterministic Polynomially，非确定性多项式）难题，因此应开发智能算法求解该模型。本书借鉴 Shi 和 Eberhart 的研究[45]，采用带惯性因子的粒子群算法求解模型（Particle Swarm Optimization with Inertia Weight，IPSO）。经典的 PSO（Particle Swarm Optimization）算法在后期容易陷入局部最优[46][47]，而 IPSO 算法通过设置惯性因子来控制速度的更新，能避免这一缺点。

第 1 步：随机生成粒子种群（规模为 80）[44]。粒子 i 在第 j 维的初始位置和初始速度分别为 $p_{ij}^{o}=\mathrm{int}(N\times r_{ij}^{p})$（$N$ 为根据问题而定的一个常数）和 $v_{ij}^{o}=200r_{ij}^{v}-100$，其中 r_{ij}^{p} 和 r_{ij}^{v} 是服从[0, 1]均匀分布的随机数。

第 2 步：计算约束条件式（3-3）~（3-11），并根据结果计算适应度函数 $f(i)=f_1(i)+f_2(i)$。$f_1(i)$ 为模型中的目标函数式（3-14）。$f_2(i)=\sum_{w\in W}\sum_{i\in I}\sum_{j\in J}P\times s_{w}^{n}$ 为不满足约束（3-3）~（3-11）的惩罚值。n 表示迭代次数。P 为单位惩罚系数，如果不满足约束，则 P 用一个较大的负数 U 赋值，本书设 $U=-100$；否则，P 用 0 赋值。$s_{w}^{n}=\left|b_w-g_{w}^{n}(p_{ij}^{n})\right|$，$g_{w}^{n}(p_{ij}^{n})\leqslant$（或=，$\geqslant$）$b_w$ 表示第 w 个约束条件。如果 $f(i)<f(l_{ij})$，则 $l_{ij}=p_{ij}$；如果 $f(i)<f(u_{i})$，则 $u_{i}=p_{ij}$。l_{ij} 和 u_i 分别为粒子自己和所有粒子的最优经验。

第 3 步：利用公式 $v_{ij}^{n}=w\times v_{ij}^{o}+c_1\times r_1\times(l_{ij}-p_{ij}^{o})+c_2\times r_2\times(u_i-p_{ij}^{o})$ 更新粒子的速度，并用公式 $p_{ij}^{n}=p_{ij}^{o}+v_{ij}^{n}$ 更新粒子的位置，p_{ij}^{n} 和 v_{ij}^{n} 分别表示粒子的新位置和新速度。$w=w_{\min}+(w_{\max}-w_{\min})\dfrac{k_{\max}-k}{k_{\max}}$ 是惯性因子，其中 k 和 $k_{\max}$ 分别为当前迭代次数和最大迭代次数，$w_{\min}=0.4$，$w_{\max}=0.9$。$c_1=(c_{1s}-c_{1d})\times\dfrac{k_{\max}-k}{k_{\max}}+c_{1d}$ 和 $c_2=(c_{2s}-c_{2d})\times\dfrac{k_{\max}-k}{k_{\max}}+c_{2d}$ 是加速因子，设 $c_{1s}=2.5, c_{1d}=0.5, c_{2s}=0.5, c_{2d}=2.5$ [48]。r_1 和 r_2 是服从[0, 1]均匀分布的随机数；如果 $v_{ij}^{n}>v_{\max}$，则 $v_{ij}^{n}=v_{\max}$。如果 $v_{ij}^{n}<v_{\min}$，则 $v_{ij}^{n}=v_{\min}$。设 $v_{\max}=100$，$v_{\min}=100$。

第 4 步：当 $k_{\max}=1\,500$ 时程序停止；否则进入第 2 步。

3.4　托盘租赁服务站选址与托盘调度联合优化模型算例分析

托盘租赁公司 YZ 欲在某省开展托盘租赁业务。决策者根据市场波动情况确定 1 年为 1 个决策周期，且决策期长度为 5（t_1,t_2,t_3,t_4,t_5）。公司在该省将提供两种标准托盘 p_1 和 p_2，这两种托盘占用的库存能力和运输能力均分别为 1 和 1.1，租金分别为 18 元/（期・片）和 24 元/（期・片）。目前公司已经与该省一些企业签订了服务协议，且市场部门基于对该地区市场情况的分析预测了客户的需求。客户需求如表 3-2 所示。

表 3-2　需求者相关参数

单位：片

需求者	p_1 型号托盘确定需求量（$t_1/t_{2-3}/t_{4-5}$）	p_2 型号托盘确定需求量（$t_1/t_{2-3}/t_{4-5}$）	p_1 型号托盘不确定需求量（$t_1/t_{2-3}/t_{4-5}$）	p_2 型号托盘不确定需求量（$t_1/t_{2-3}/t_{4-5}$）
j_1	1000/1200/1300	1000/2000/2000	—/—/ $N(100,4)$	—/—/ n
j_2	500/600/700	500/1000/1000	—/—/—	—/—/—
j_3	300/400/500	300/500/800	—/—/—	—/—/—
j_4	200/300/400	300/500/800	—/—/—	—/—/—
j_5	−2000/−2500/−2900	−2100/−4000/−4600	—/—/ $-N(100,4)$	—/—/ $-N(200,4)$
j_6	2000/2200/2300	2000/3000/3000	—/—/ o	—/—/ $N(400,16)$
j_7	1500/1600/1700	1500/2000/2000	—/—/—	—/—/—
j_8	1300/1400/1500	1300/1500/1800	—/—/—	—/—/—
j_9	1200/1300/1400	1300/1500/1800	—/—/—	—/—/—
j_{10}	−6000/−6500/−6900	−6100/−8000/−8600	—/—/ $-N(200,4)$	—/—/ $-N(400,16)$
j_{11}	100/200/300	100/200/200	—/—/—	—/—/—
j_{12}	100/100/100	100/100/100	—/—/—	—/—/—
j_{13}	100/100/100	300/500/800	—/—/—	—/—/—
j_{14}	100/100/100	200/400/600	—/—/ n	—/—/ $N(200,16)$
j_{15}	−400/−500/−600	−700/−1200/−1700	—/—/ $-N(100,4)$	—/—/ $-N(200,16)$
j_{16}	200/400/600	200/400/400	—/—/—	—/—/—
j_{17}	400/600/800	400/400/400	—/—/—	—/—/—
j_{18}	400/400/600	400/400/400	—/—/—	—/—/—
j_{19}	—/—/—	—/—/—	—/—/ $N(200,4)$	—/—/ o
j_{20}	−1000/−1400/−2000	−1000/−1200/−1200	—/—/ $-N(200,4)$	—/—/ $-N(400,16)$

注：j_1—j_5，j_6—j_{10}，j_{11}—j_{15}，j_{16}—j_{20} 各为一条供应链，托盘随货品在供应链上流动，因此服务站需从供应链末端收回托盘。$N(100,4)$ 表示需求服从均值为 100、方差为 4 的标准正态分布。负数表示需要回收托盘。“—”表示无需求。

通过前期调研，公司已确定 i_1、i_2、i_3、i_4 和 i_5 共 5 个备选服务站（基本资料如表 3-3 所示）。各服务站和需求者之间的运费、作业时间和运输能力等相关参数如表 3-4 所示。

表 3-3　备选服务站相关参数

服务站	运营固定成本/元	运营变动成本/（元/期）	决策者偏好	新进 p_1 型号托盘量/片（$t_1/t_{2-3}/t_{4-5}$）	新进 p_2 型号托盘量/片（$t_1/t_{2-3}/t_{4-5}$）	库存能力/片	单位库存成本/片（p_1/p_2）	单位装卸成本/（元/片）（p_1/p_2）
i_1	200 000	20 000	0.3	4000/3/23	4000/4/40	60 000	0.1/0.12	0.12/0.14
i_2	250 000	20 000	1.0	4000/3/23	4000/4/40	80 000	0.2/0.4	0.22/0.48
i_3	300 000	25 000	0.8	4000/3/23	4000/4/40	80 000	0.2/0.4	0.22/0.48
i_4	220 000	20 000	0.6	4000/3/23	4000/4/40	60 000	0.1/0.12	0.12/0.14
i_5	200 000	19 000	0.5	4000/3/23	4000/4/40	50 000	0.1/0.12	0.12/0.14

表 3-4　运费、作业时间和运输能力

需求者	i_1	i_2	i_3	i_4	i_5
	单位运费（单位：元/片）/作业时间（单位：天）/运输能力（单位：片）				
j_1	0.1/1/4000	0.1/1/2000	1/3/2000	0.5/2/3200	0.5/2/2000
j_2	0.12/1/1000	0.14/1/1200	1.1/3/1000	0.6/2/1000	0.6/2/1000
j_3	0.2/1/1000	0.21/1/1000	0.9/3/1400	0.4/2/1600	0.4/2/800
j_4	0.22/1/1000	0.25/1/1000	1/3/1000	0.65/2/1000	0.65/2/1000
j_5	0.3/1/8000	0.25/1/8000	1.2/3/8600	0.7/2/8900	0.7/2/8000
j_6	0.5/2/6000	0.55/2/6000	0.2/2/6600	0.1/1/3700	1/3/6300
j_7	0.6/2/4400	0.55/2/4300	0.3/2/4700	0.14/1/4800	1.1/3/4900
j_8	0.4/2/4000	0.4/2/4000	0.3/2/4200	0.21/1/4500	1.2/3/4600
j_9	0.65/2/4400	0.6/2/3200	0.4/2/4000	0.25/1/4400	1/3/3000
j_{10}	0.7/2/16 600	0.75/2/16 300	0.5/2/16 200	0.25/1/16 300	1.3/3/16 000
j_{11}	1/3/1000	1.1/3/1200	0.1/1/1200	0.2/2/1400	0.2/2/1000
j_{12}	1.1/3/400	1/3/400	0.12/1/600	0.3/2/400	0.3/2/400
j_{13}	0.9/3/1000	1/3/1200	0.2/1/1400	0.3/2/1600	0.3/2/1000
j_{14}	1/3/2 800	0.9/3/2000	0.22/1/2600	0.4/2/2600	0.4/2/2000
j_{15}	1.2/3/2800	1.2/3/2700	0.3/1/2500	0.5/2/2500	0.5/2/2600
j_{16}	0.5/2/1500	0.55/2/1500	0.2/2/1500	1/3/1500	0.1/1/1500

续表

需求者	i_1	i_2	i_3	i_4	i_5
	单位运费（单位：元/片）/作业时间（单位：天）/运输能力（单位：片）				
j_{17}	0.6/2/1800	0.55/2/1700	0.3/2/1500	1/1/1600	0.12/1/1500
j_{18}	0.4/2/1500	0.4/2/1900	0.3/2/1500	1.2/3/1700	0.2/1/1600
j_{19}	0.65/2/1600	0.6/2/1500	0.4/2/1500	1/3/1700	0.22/1/1600
j_{20}	0.7/2/5100	0.75/2/4200	0.5/2/4000	1.3/3/6300	0.3/1/4000

公司需要根据市场需求情况和战略部署，选择出 3 个服务站进行建设。服务站应在需求者提出需求（或回收托盘）后的 2 天内将托盘送达（或收回），否则需付出惩罚成本 10 元/期・片。

采用 IPSO 算法，基于 Python 3.7（32 bit）编写程序，在 Lenovo Rescuer 15ISK 环境下用时约 2 h 16 min 28 s（处理器 Intel(R) Core(TM) i7-6 700HQ，CPU 2.60 Ghz，内存 16.00 GB，操作系统 Windows 8.1），求得最优解为 1 962 081 元，选择的服务站为（i_1，i_2，i_4），迭代过程如图 3-3 所示。

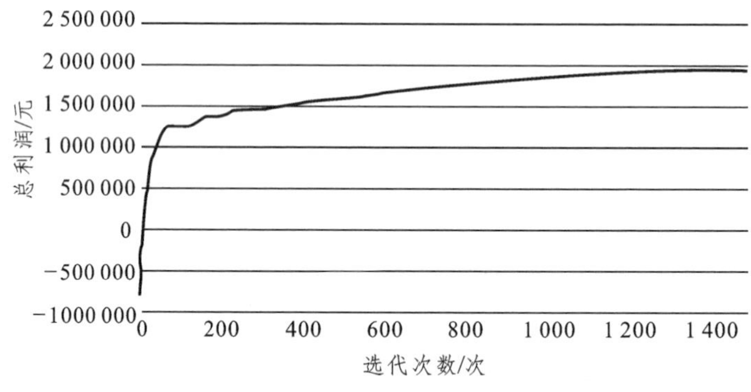

图 3-3　迭代过程和总利润

虽然 i_3 的决策者偏好系数较高，但是其运营成本、库存成本、装卸成本等也都很高，因此最优方案中未被选择。尽管 i_5 的运营固定成本和变动成本最低，但是它的运费、运输能力和决策者偏好系数都不占优势，因此最优方案中未被选择。

（1）运营固定成本对决策的影响。

保持其他条件不变，将算例中 i_1 的运营固定成本设定为 100 000 元、200 000 元、300 000 元、400 000 元、50 0000 元，求解模型可分别得到最优方案为（i_1，i_2，i_4）、（i_1，i_2，i_4）、（i_2，i_3，i_4）、（i_2，i_3，i_4）、（i_2，i_3，i_4），总利润如图 3-4 所示。

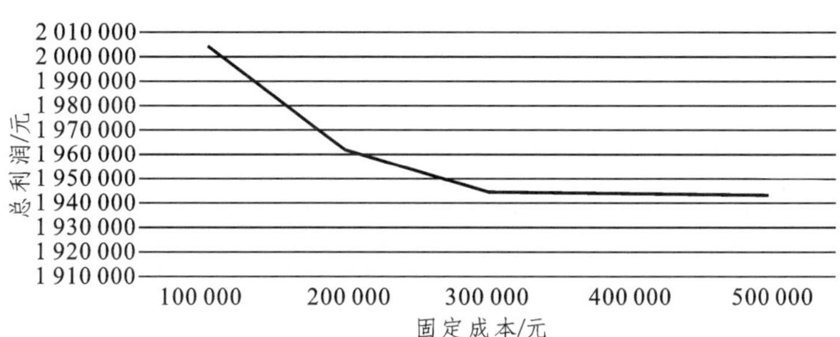

图 3-4　服务站运营固定成本和总利润

分析可知，服务站的运营固定成本是影响服务站选址的关键因素，随着 i_1 服务站固定成本的增加，总利润不断下降，并最终导致最优方案中剔除了 i_1 服务站。因此决策者应细致测定服务站建设的固定成本，以保证决策结果的准确性。

（2）运营变动成本对决策的影响。

保持其他条件不变，将算例中 i_1 的运营变动成本设定为 10 000 元/期、20 000 元/期、30 000 元/期、40 000 元/期、50 000 元/期，求解模型可分别得到最优方案为（i_1，i_2，i_4）、（i_1，i_2，i_4）、（i_2，i_3，i_4）、（i_2，i_3，i_4）、（i_2，i_3，i_4），总利润如图 3-5 所示。

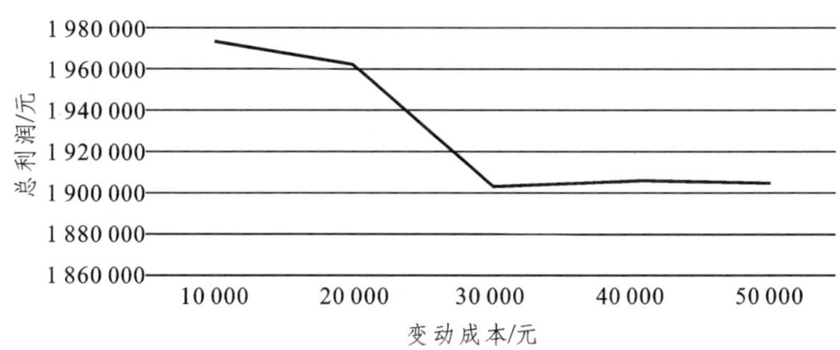

图 3-5　服务站运营变动成本和总利润

分析可知，服务站的运营变动成本是影响服务站选址的关键因素，随着 i_1 服务站变动成本的增加，总利润不断下降，并最终导致最优方案中剔除了 i_1 服务站。因此决策者应认真核定运营变动成本所涉及的科目和金额。

（3）决策者偏好对决策的影响。

保持其他条件不变，将算例中i_1的决策者偏好设定为 0.1、0.3、0.5、0.7、0.9，求解模型可分别得到最优方案为（i_2，i_3，i_4）、（i_1，i_2，i_4）、（i_1，i_2，i_4）、（i_1，i_2，i_4）、（i_1，i_2，i_4），利润如图 3-6 所示。

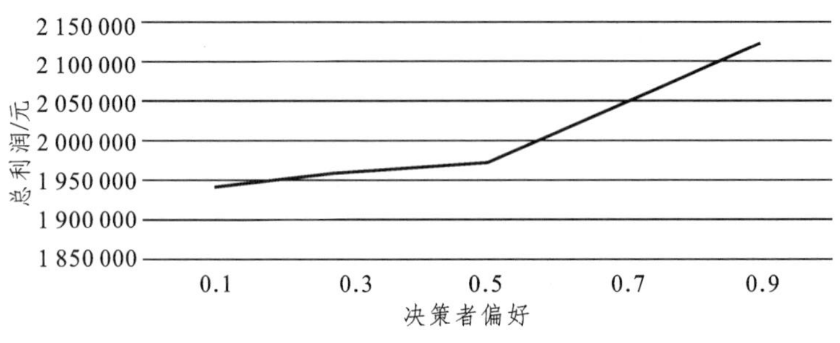

图 3-6　决策者偏好和总利润

分析可知，决策者偏好是影响服务站选址的关键因素，随着i_1服务站决策者偏好系数的提高，最优方案由不选择i_1服务站变为选择i_1服务站。因此决策者应采用多属性决策方法对服务站的政治环境、经济环境、自然环境和社会环境等因素综合评定后确定。

3.5　本章小结

本章采用随机规划和混合整数规划等方法，构建了托盘租赁服务站选址与托盘调度联合优化模型，并通过算例验证了模型和算法的有效性。根据研究结果，托盘租赁公司决策者应做到如下两点：

一是综合考虑服务站运营成本、调度成本、客户需求、运输能力、作业时间等各种因素，从整体角度实现决策最优化。托盘租赁服务站选址与托盘调度的联合优化问题是个复杂的问题，决策者不仅需要分析租赁公司的各类约束条件，还需要考虑市场情况和交通状况等各种条件。

二是合理设定各服务站的偏好系数，在体现决策者意志的基础上充分实现科学决策。决策者偏好系数的设置是为了体现决策者的偏好特征，但这一系数的设定必须合理，其值可采用多属性决策方法对该服务站政治环境、经济环境、自然环境和社会环境等因素进行综合评定后确定。

第 4 章　托盘租赁服务站车队规模配置和托盘调度联合优化方法

第 3 章研究了托盘租赁服务站选址与托盘调度的联合优化方法，采用随机规划和混合整数规划等方法构建了双目标优化模型，使用 Python 软件开发带惯性因子的粒子群算法求解模型，并通过算例验证模型和算法的有效性。

本章将研究托盘租赁服务站车队规模配置和托盘调度联合优化方法。托盘租赁公司需要利用车辆将托盘从租赁服务站运输到客户处，并在卸货后将这些托盘回收。车队规模配置（即车辆的数量和类型）会显著影响托盘调度的效率和成本，因此决策者应科学配置托盘租赁服务站的车辆。本章将基于混合整数规划和随机规划方法，提出车队规模配置和托盘调度的联合优化模型。该模型的目标函数是最大化托盘租赁公司利润的同时最小化车辆的二氧化碳（CO_2）排放。为了求解该模型，将开发一种带惯性因子的粒子群算法（IPSO）。IPSO 能够避免陷入局部最优，并在可接受的迭代次数内找到全局最优解。通过算例分析证明模型和 IPSO 的有效性。算例结果还将表明：车辆的 CO_2 排放量会影响车队规模配置和托盘调度的联合优化决策，然而 CO_2 排放量低的车辆的价格、租赁费用或闲置成本也不能过高。

4.1　车队规模配置和托盘调度的联合优化问题描述

由于托盘租赁行业在供应链管理中发挥着重要作用，所以研究人员从多个角度对其进行了研究。Ray 等[21]、Roy 等[22]、Lacefield[23]、

Mosqueda[24]和 Ren[49]分析了租赁和购买托盘的成本。本书建议管理者们应该根据托盘的实际情况决定是租还是买，因为这会产生不同的结果。Ren[50]应用 DEA 方法评估托盘租赁公司的业绩。因为托盘的损失率非常高[28][33] [35][51]，所以托盘租赁公司一直在尝试使用 RFID 技术来跟踪托盘。GnoniRollo[29]、Kim 和 Glock[30]以及 Ren 等[50]研究了如何使用 RFID 开发先进的跟踪系统。Elia 和 Gnoni[26]、Xu[52]、Li 等[53]研究了如何利用优势有效管理托盘信息技术。Ren[54]、Doungpattra 等[34]、Zhou[55]以及 Kesen 和 Alim[56]开发了一些空托盘分配的优化模型。毕尔巴鄂等[57]、Carrano 等[39]、Tornese 等[42]、Bengtsona 和 Logie[58]、Tornesse 等[59]、Accorsi 等[60]和 Kočı´[61]测量了托盘物流的碳排放量，并提出托盘租赁系统是最环保的托盘管理模式。

托盘租赁公司需要利用车辆将托盘从托盘租赁服务站（PRSS）运输到客户手中，并在卸货后将这些托盘收回。因此决策者应为托盘租赁服务站配置合适数量的车辆，车辆过多会增加托盘租赁公司的财务负担，而车辆太少可能难以按时满足客户的需求。此外，因为每种车辆的运载能力都不同，所以选择哪些类型的车辆也是一个重要的问题。

车队规模配置问题是指，托盘租赁公司的决策需要决定为托盘租赁服务站配置的车辆数量（v）和类型（k），如图 4-1 所示。车队规模配置会显著影响托盘调度（即托盘配送和回收）的效率和成本。当客户需要托盘时，托盘租赁公司应使用车辆将托盘从托盘租赁服务站运送给客户（配送）。其次，这些托盘被装载货物并运输到这些客户的客户手中。最后，托盘租赁公司需要使用车辆把托盘从最后一位客户处收回（回收）。这些过程如图 4-2 所示。需要注意的是，托盘租赁公司不需要管理装载货物的托盘（重托盘）。

本章将利用混合整数规划和随机规划方法，构建车队规模配置和托盘调度的联合优化模型。车队规模配置和托盘调度联合优化问题是 NP 难题。因此，本书将开发一种带惯性因子的粒子群优化算法（IPSO）求解模型。本章的概念框架如图 4-3 所示。

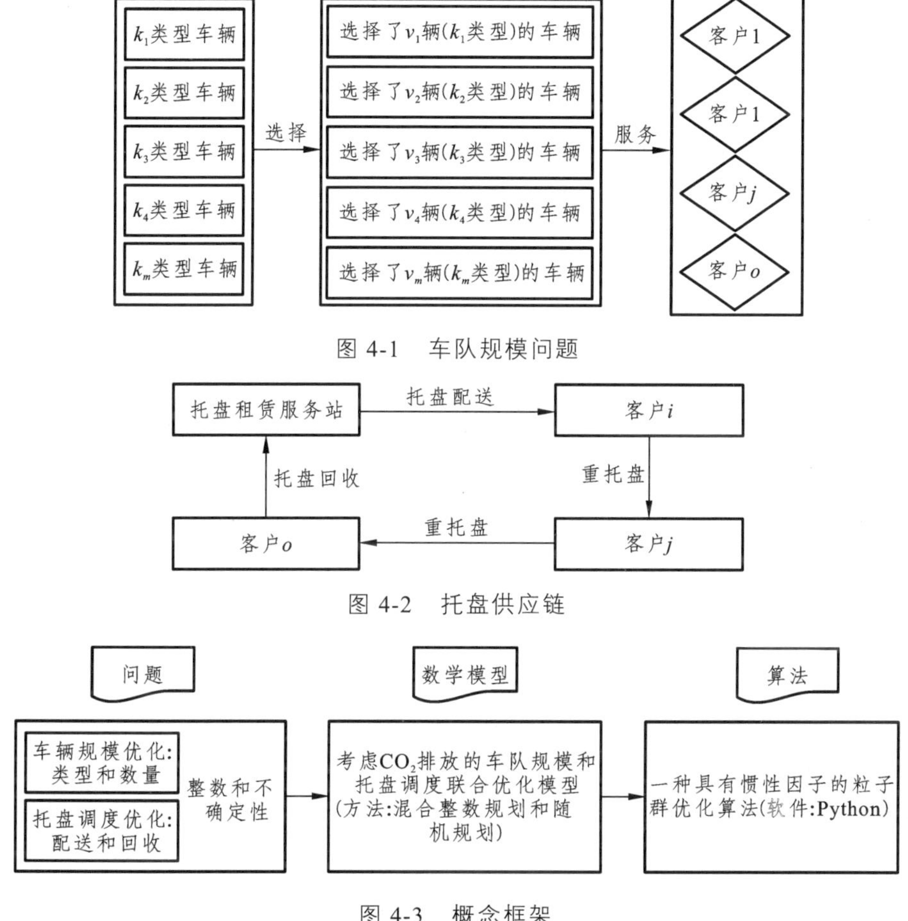

图 4-1　车队规模问题

图 4-2　托盘供应链

图 4-3　概念框架

4.2　车队规模配置和托盘调度的联合优化模型构建

令$t \in T$，$p \in P$，$k \in K$，$i \in I$，$j \in J$，$o \in O$分别表示时间段、托盘类型、车辆类型、托盘租赁服务站、需要托盘的客户（缺盘者）和需要托盘租赁公司取回托盘的客户（富盘者）。本问题有 6 个决策变量。v_{ik}表示为第i个托盘租赁服务站配置的第k种车辆的数量；X_{ijp}^{t}（X_{oip}^{t}）表示在第t个时间段内从i运到j（o到i）的第p种托盘的数量，而v_{ijk}^{t}（v_{oik}^{t}）表示用于运输这些托盘的第 k 种车辆的数量。如果托盘租赁服务站没有足够的车辆运输托盘，管理者可以向租赁公司租用车辆。因此，用 θ_{ik}^{t} 来表示在第 t 个时间段内，第 i 个托盘租赁服务站租用的第 k 种车辆的数量。

因为利润是决策者在决策时考虑的最重要的因素，所以我们利用目标函数（4-1）表示托盘租赁公司的期望利润最大化。期望利润是总收入（$\sum_{i\in I}\sum_{j\in J}\sum_{p\in P}\sum_{t\in T}\xi_p X_{ijp}^{t}$）减去总成本[式（4-1）等号右边的其余部分]。总成本包括车辆购置成本、托盘配送成本、托盘回收成本、托盘存储成本、托盘装卸成本、车辆闲置成本和车辆租赁费。在式（4-1）中，ξ_p 表示第 p 种托盘的单位租赁费；C_k 表示第 k 种车辆的单位价格；E_k 表示第 k 种车辆的单位运输成本；g_{ijk}^{t}（g_{oik}^{t}）表示第 k 种车辆在第 t 时间段内能从 i 到 j（或从 o 到 i）的最大运行次数，而 l_{ij}（l_{oi}）表示两点之间的距离；M_{ip}^{t} 表示在第 t 个时间段第 i 个托盘租赁服务站的第 p 种托盘的存储量，而 H_{ip} 表示第 p 种托盘的单位存储成本；Λ_p 表示第 p 种托盘的单位装卸成本；β_k 和 α_k 分别表示第 k 种车辆的闲置成本和租赁费。

$$\begin{aligned}\max R = &\sum_{i\in I}\sum_{j\in J}\sum_{p\in P}\sum_{t\in T}\xi_p X_{ijp}^{t} - \sum_{i\in I}\sum_{k\in K} C_k v_{ik} - \sum_{i\in I}\sum_{j\in J}\sum_{k\in K}\sum_{t\in T} E_k g_{ijk}^{t} l_{ij} v_{ijk}^{t} - \\ &\sum_{i\in I}\sum_{o\in O}\sum_{k\in K}\sum_{t\in T} E_k g_{oik}^{t} l_{oi} v_{oik}^{t} - \sum_{i\in I}\sum_{p\in P}\sum_{t\in T} H_{ip} M_{ip}^{t} - \sum_{i\in I}\sum_{j\in J}\sum_{p\in P}\sum_{t\in T}\Lambda_p X_{ijp}^{t} - \\ &\sum_{i\in I}\sum_{o\in O}\sum_{p\in P}\sum_{t\in T}\Lambda_p X_{oip}^{t} - \sum_{i\in I}\sum_{k\in K}\sum_{t\in T}\beta_k \max\left\{v_{ik} + \theta_{ik}^{t} - \sum_{j\in J} v_{ijk}^{t}, 0\right\} - \\ &\sum_{i\in I}\sum_{k\in K}\sum_{t\in T}\alpha_k \theta_{ik}^{t}\end{aligned} \tag{4-1}$$

目标函数（4-2）表示最小化车辆的 CO_2 排放量。由于托盘数量众多，决策者必须了解托盘物流对环境的影响。根据美国温室气体中心（GHG）的数据，2017 年美国运输业的温室气体排放量占到了总排放量的 29%（最大排放来源），而其中的 CO_2 排放量占到了温室气体排放量的 97%（占比最大）[62]。根据前面所述，如果第 k 种车辆运行每公里的 CO_2 排放量为 B_k，则行驶 $l_{ij}g_{ijk}^{t}$（或者 $l_{oi}g_{oik}^{t}$）km 后所有车辆排放的 CO_2 总量为

$$\min B = \sum_{i\in I}\sum_{j\in J}\sum_{k\in K}\sum_{t\in T} B_k l_{ij} g_{ijk}^{t} v_{ijk}^{t} + \sum_{i\in I}\sum_{o\in O}\sum_{k\in K}\sum_{t\in T} B_k l_{oi} g_{oik}^{t} v_{oik}^{t} \tag{4-2}$$

约束条件式（4-3）表示托盘租赁公司不能超量向缺盘者供应托盘。换句话说，它们只能满足缺盘者的确定性需求 D_{jp}^{t} 和不确定性需求 Γ_{jp}^{t}。

$$\sum_{i\in I}X_{ijp}^{t}\leqslant D_{jp}^{t}+\Gamma_{jp}^{t} \tag{4-3}$$

约束条件式（4-4）表示托盘服务站必须配备足够的车辆用于在托盘租赁服务站和缺盘者之间运输托盘。换句话说，运输托盘的车辆的运载能力不能超过服务站配置的车辆的运载能力。第 k 种车辆的运载能力为 z_k，且可以运行 g_{ijk}^{t} 次，因此服务站所有车辆的总运载能力为 $\sum\limits_{k\in K} g_{ijk}^{t}z_k v_{ijk}^{t}$。$\psi_p$ 代表单位 p 种托盘占用的车辆的运载能力。

$$\sum_{k\in K} g_{ijk}^{t}z_{\mathrm{k}}v_{ijk}^{t}\geqslant\sum_{p\in P}\psi_p X_{ijp}^{t} \tag{4-4}$$

约束条件式（4-5）表示托盘租赁公司必须回收所有待回收的托盘。S_{op}^{t} 和 Υ_{op}^{t} 分别表示确定性托盘回收需求和不确定性托盘回收需求。

$$\sum_{i\in I}X_{oip}^{t}=S_{op}^{t}+\Upsilon_{op}^{t} \tag{4-5}$$

约束条件式（4-6）表示托盘服务站必须配备足够的车辆用于在富盘者和托盘租赁服务站之间运输托盘，这与约束条件式（4-4）类似。

$$\sum_{k\in K} g_{oik}^{t}z_k v_{oik}^{t}\geqslant\sum_{p\in P}\psi_p X_{oip}^{t} \tag{4-6}$$

约束条件式（4-7）表示从托盘租赁服务站向缺盘者提供的托盘数量不能超过托盘租赁服务站的供给能力。托盘租赁服务站的供给能力等于上一期的托盘存储量 M_{ip}^{t-1} 和本期的托盘采购量之和 S_{ip}^{t}。

$$\sum_{j\in J}X_{ijp}^{t}\leqslant M_{ip}^{t-1}+S_{ip}^{t} \tag{4-7}$$

约束条件式（4-8）表示托盘存储量 M_{ip}^{t}=上一期的存储量 M_{ip}^{t-1}+本期购买的托盘量 S_{ip}^{t}+本期从所有富盘者回收的托盘量 $\sum\limits_{o\in O}X_{oip}^{t}$−本期从该托盘租赁服务站运输到所有缺盘者的托盘量 $\sum\limits_{j\in J}X_{ijp}^{t}$。

$$M_{ip}^{t}=M_{ip}^{t-1}+S_{ip}^{t}+\sum_{o\in O}X_{oip}^{t}-\sum_{j\in J}X_{ijp}^{t} \tag{4-8}$$

约束条件式(4-9)表示托盘租赁服务站储存的托盘数不能超过其最大存储能力 $\varPsi_i$ ，其中 υ_p 表示单位 p 种托盘占用的存储能力。

$$\sum_{p\in P}\upsilon_p M_{ip}^t \leqslant \varPsi_i \tag{4-9}$$

约束条件式（4-10）和（4-11）表示用于配送或回收托盘的车辆数不能超过托盘租赁服务站的可用车辆数，即托盘租赁服务站配置的车辆数 v_{ik} 和租用的车辆数 θ_{ik}^t 之和。假设管理者会高效利用车辆，如管理者可以利用车辆的回程运输能力来回收托盘。

$$\sum_{j\in J} v_{ijk}^t \leqslant v_{ik} + \theta_{ik}^t \tag{4-10}$$

$$\sum_{o\in O} v_{oik}^t \leqslant v_{ik} + \theta_{ik}^t \tag{4-11}$$

约束条件式（4-12）表示所有决策变量只能取非负整数值。

$$X_{ijp}^t, X_{oip}^t, v_{ijk}^t, v_{oik}^t, v_{ik}, \theta_{ik}^t \geqslant 0 \text{ 且取整数} \tag{4-12}$$

4.3 车队规模配置和托盘调度的联合优化模型求解算法

为了求解模型，需要将多目标函数转化为单目标函数。首先，用目标函数式（4-13）替代目标函数式（4-2），表示将 CO_2 排放量最小化问题转化为 CO_2 排放成本最小化问题。ρ 是单位 CO_2 排放成本。

$$\min B' = \sum_{i\in I}\sum_{j\in J}\sum_{k\in K}\sum_{t\in T} \rho B_k g_{ijk}^t l_{ij} v_{ijk}^t + \sum_{i\in I}\sum_{o\in O}\sum_{k\in K}\sum_{t\in T} \rho B_k g_{oik}^t l_{oi} v_{oik}^t \tag{4-13}$$

接着，用目标函数式（4-14）代替目标函数式（4-13），表示将最小化问题转化为了最大化问题。

$$\max B'' = -\left(\sum_{i\in I}\sum_{j\in J}\sum_{k\in K}\sum_{t\in T} \rho B_k g_{ijk}^t l_{ij} v_{ijk}^t + \sum_{i\in I}\sum_{o\in O}\sum_{k\in K}\sum_{t\in T} \rho B_k g_{oik}^t l_{oi} v_{oik}^t\right) \tag{4-14}$$

最后，就可以提出模型的新目标函数，如式（4-15）所示。

$$\max R' = \sum_{i\in I}\sum_{j\in J}\sum_{p\in P}\sum_{t\in T} \xi_p X_{ijp}^t - \sum_{i\in I}\sum_{k\in K} C_k v_{ik} - \sum_{i\in I}\sum_{j\in J}\sum_{k\in K}\sum_{t\in T} E_k g_{ijk}^t l_{ij} v_{ijk}^t -$$

$$\sum_{i\in I}\sum_{o\in O}\sum_{k\in K}\sum_{t\in T} E_k g_{oik}^t l_{oi} v_{oik}^t - \sum_{i\in I}\sum_{p\in P}\sum_{t\in T} H_{ip} M_{ip}^t - \sum_{i\in I}\sum_{j\in J}\sum_{p\in P}\sum_{t\in T} \Lambda_p X_{ijp}^t -$$

$$\sum_{i\in I}\sum_{o\in O}\sum_{p\in P}\sum_{t\in T} \Lambda_p X_{oip}^t - \sum_{i\in I}\sum_{k\in K}\sum_{t\in T} \beta_k \max\left\{ v_{ik} + \theta_{ik}^t - \sum_{j\in J} v_{ijk}^t, 0 \right\} -$$

$$\sum_{i\in I}\sum_{k\in K}\sum_{t\in T} \alpha_k \theta_{ik}^t - \sum_{i\in I}\sum_{j\in J}\sum_{k\in K}\sum_{t\in T} \rho B_k g_{ijk}^t l_{ij} v_{ijk}^t -$$

$$\sum_{i\in I}\sum_{o\in O}\sum_{k\in K}\sum_{t\in T} \rho B_k g_{oik}^t l_{oi} v_{oik}^t \tag{4-15}$$

粒子群优化是一种著名的随机优化算法，该方法中粒子通过相互合作和竞争来寻找最佳解决方案。与其他启发式算法（如遗传算法和蚁群算法）相比，PSO 具有以下显著优势：① PSO 需要设置的参数少，简单易懂。② PSO 可以通过随机搜索策略快速收敛到满意的解决方案[46]。因此，PSO 已被广泛应用于物流、金融和工程等多个领域[47]。然而，经典 PSO 算法很可能陷入局部最优。因此，学者们提出了一些改进的 PSO 算法。本书将开发一种带有惯性因子的粒子群优化算法用于求解车队规模配置和托盘调度的联合优化模型[45]。IPSO 通过设置惯性因子来控制收敛速度，从而避免陷入局部最优。此外，IPSO 还能在可接受的迭代次数内找到全局最优解。因此，IPSO 是解决 NP 难题的有效算法。IPSO 的流程如图 4-4 所示。

步骤 1　随机生成粒子群。

每个粒子 i（$i\in I$）的信息可用多维向量 $\boldsymbol{J}$ 表示。粒子 i 的初始位置为 $p_{ij}^{o} = \left|\text{int}(N\times rnd_{ij}^{p})\right|$（$j\in \boldsymbol{J}$），其中 N 取决于问题的约束条件。rnd_{ij}^{p} 是均匀分布在[0, 1]之间的随机数。粒子 i 的初始速度为 $v_{ij}^{o} = M\times rnd_{ij}^{v} - \frac{M}{2}$，其中 M 的值为 10，并且 rnd_{ij}^{v} 也是均匀分布在[0, 1]之间的随机数。如果满足约束条件式（4-3）至式（4-12），则进入下一步；否则，生成另一个粒子群。

步骤 2　计算拟合度函数 $f(i) = f_1(i) + f_2(i)$。

$f_1(i)$ 是联合优化模型的目标函数[式（4-15）]，$f_2(i)$ 的计算公式为 $f_2(i) = \sum_{k\in K}\sum_{i\in I}\sum_{j\in J} P_k \times s_k$，$P_k = \begin{cases} U_k, & \text{若第}k\text{个条件不满足} \\ 0, & \text{其他} \end{cases}$，其中 U_k 表示惩罚系数。我们对约束条件式（4-4）和式（4-6）设置了 $U_k = -700\,000$，而对其他

约束条件式设置了 $U_k=-120$，这是因为我们希望所有约束条件式都能被满足，尤其是约束条件式（4-4）和式（4-6）。$s_k=\left|b_k-g_k(p_{ij})\right|$，其中 $g_k(p_{ij})\leqslant$（或 =，$\geqslant$）b_k 代表第 k 个约束条件式。

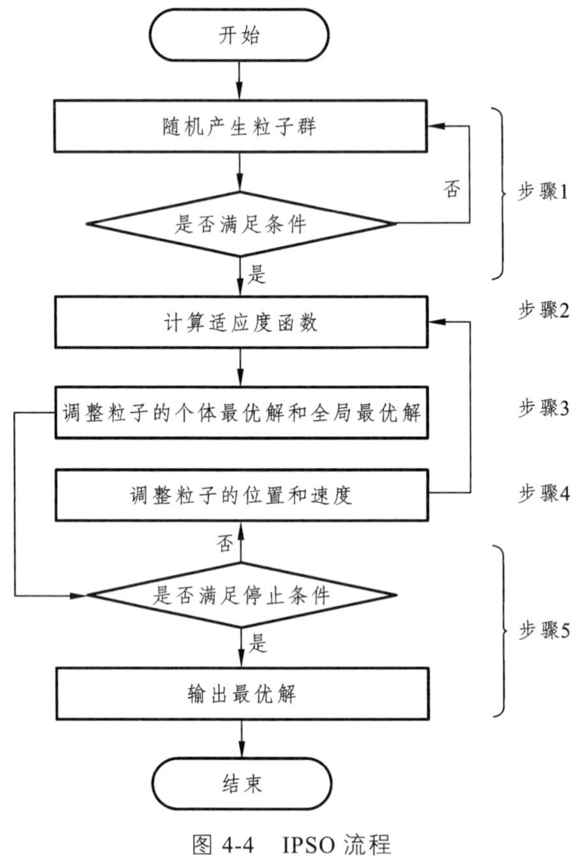

图 4-4　IPSO 流程

步骤 3　利用 $\begin{cases}若f(i)>f(p_{\text{best}ij}),\ 则\ p_{\text{best}ij}=p_{ij}\\ 若f(i)>f(g_{\text{best}\,j}),\ 则\ g_{\text{best}\,j}=p_{ij}\end{cases}$，更新 p_{best} 和 g_{best}，其中 $p_{\text{best}ij}$ 表示粒子 i 的最佳位置，而 $g_{\text{best}\,j}$ 表示整个粒子群的最佳位置。

步骤 4　位置和速度分别用 $p_{ij}^{n}=p_{ij}^{o}+v_{ij}^{n}$ 和 $v_{ij}^{n}=w\times v_{ij}^{o}+c_1\times rnd_1\times(p_{\text{best}ij}-p_{ij}^{o})+c_2\times rnd_2\times(g_{\text{best}\,j}-p_{ij}^{o})$ 更新。$w=w_{\min}+(w_{\max}-w_{\min})\dfrac{n_{\max}-n}{n_{\max}}$ 是惯性因子，其中 n 是迭代次数；$n_{\max}$ 是最大迭代次数；$w_{\min}=0.4$；$w_{\max}=0.9$。惯性因子在平衡全局搜索和局部搜索方面起着重要作用[45]。当惯性因子 w

较小时，IPSO 会快速收敛，但可能会陷入局部最优。当惯性因子 w 较大时，IPSO 可能会找到全局最优解，但收敛速度较慢。本书提出的方法可以在可接受的迭代次数内找到全局最优解，因为在迭代开始时 w 的值大，而在迭代后期 w 的值小。$c_1=(c_{1s}-c_{1d})\times\frac{n_{\max}-n}{n_{\max}}+c_{1d}$ 表示自身置信度，而 $c_2=(c_{2s}-c_{2d})\times\frac{n_{\max}-n}{n_{\max}}+c_{2d}$ 表示群体置信度。其中 $c_{1s}=2.5$，$c_{1d}=0.5$，$c_{2s}=0.5$，$c_{2d}=2.5$ [48]。rnd_1 和 rnd_2 都是均匀分布在[0, 1]之间的随机数。设 $v_{\max}=10$，$v_{\min}=-10$。如果 $v_{ij}^n>v_{\max}$，则 $v_{ij}^n=v_{\max}$。如果 $v_{ij}^n<v_{\min}$，则 $v_{ij}^n=v_{\min}$。

步骤 5　满足停止条件 $n_{\max}=2000$ 时，停止 IPSO；否则，返回第 4 步。

4.4　托盘租赁服务站车队规模配置和托盘调度联合优化算例分析

4.4.1　托盘租赁服务站及车辆配置算例

某公司计划提供托盘租赁服务，决策者必须决定如何为 i_1、i_2 和 i_3 服务站配置车辆。3 个服务站和备选车辆的信息如表 4-1 和表 4-2 所示。时间长度为 $5(t_1,t_2,\cdots,t_5)$。该公司提供两种托盘，即 p_1 和 p_2，每个 p_1 和 p_2 托盘占用的运载能力（和库存能力）都分别为 1 和 1.1，单位租金分别为 72 元/期和 108 元/期，单位装卸成本分别为 0.12 元和 0.14 元。如表 4-3 所示，该公司已与部分客户签订了服务协议，市场部门对不确定的需求进行了估算。CO_2 排放的单位成本为 0.000 041 86 元/g（2019 年 1 月中国 CO_2 排放的平均价格）。其他参数见表 4-4。

表 4-1　托盘租赁服务站参数

站台	采购 p_1 托盘的数量（$t_1/t_{2-3}/t_{4-5}$）	采购 p_2 托盘的数量（$t_1/t_{2-3}/t_{4-5}$）	存储能力	存储成本/元（p_1 / p_2）
i_1	4000/3/23	4000/4/40	60 000	0.1/0.12
i_2	4000/3/23	4000/4/40	80 000	0.2/0.4
i_3	4000/3/23	4000/4/40	80 000	0.2/0.4

表 4-2 车辆参数

类型	运载能力	CO_2 排放量/（g・km^{-1}）	运输成本/（元・km^{-1}）	单位闲置成本/元	单位租金/元	单位价格/元
k_1	400	598.03	0.75	100	80 000	400 000
k_2	300	514.03	0.6	90	60 000	300 000
k_3	200	501.64	0.55	80	50 000	200 000
k_4	120	326.88	0.4	70	30 000	90 000
k_5	120	175	0.4	70	30 000	90 000

表 4-3 需求情况

区域	p_1 托盘确定性需求（$t_1/t_{2-3}/t_{4-5}$）	p_2 托盘确定性需求（$t_1/t_{2-3}/t_{4-5}$）	p_1 托盘不确定性需求（$t_1/t_{2-3}/t_{4-5}$）	p_2 托盘不确定性需求（$t_1/t_{2-3}/t_{4-5}$）
j_1	2000/2200/2000	2000/3000/3000	—/—/ $N(200,4)$ ①	—/—/ $N(400,16)$
j_2	1600/1600/1500	1500/2000/2000	—/—/—	—/—/—
j_3	1500/1400/1500	1800/1800/1600	—/—/—	—/—/—
j_4	1200/1300/1300	1800/1800/1800	—/—/—	—/—/—
o_1	−6300/−6500/−6300	−7100/−8600/−8400	—/—/ $-N(200,4)$	—/—/ $-N(400,16)$

注：① 需求呈正态分布，均值为 100，方差为 4。正数表示客户需要托盘（缺盘者），负数表示客户需要回收托盘（富盘者）。

② "—" 代表客户不需要托盘且没有托盘需要回收。

表 4-4 托盘租赁服务站与富盘区域（或缺盘区域）之间的距离和车辆可周转次数

区域	i_1	i_2	i_3
	距离（km）/周转次数		
j_1	50/10	55/10	20/15
j_2	60/10	55/10	30/15
j_3	40/15	40/15	30/15
j_4	65/10	60/10	40/15
o_1	70/10	75/10	50/10

使用 Python 3.5.3（64 位）开发 IPSO 算法，在 Windows 8.1 操作系统、2.60 GHz Intel CPU、16.00 G 内存的 PC 上独立运行 10 次。IPSO 的结果如图 4-5 所示。最大期望利润为 4 571 233 元至 4 712 543 元（平均为 4 636 853 元），运行时间为 9253 s 至 10 023 s（平均为 2 h 39 min 53 s）。因此，结果表明 IPSO 具有很强的稳定性。运行时间是可以接受的，因为：① PSO 能以明显快于其他进化算法的速度找到最优方案；② 由于车队规模配置和托盘调度的联合优化问题是一项战略决策（长期决策），算法的收敛速度对决策者来说不是一个关键问题。

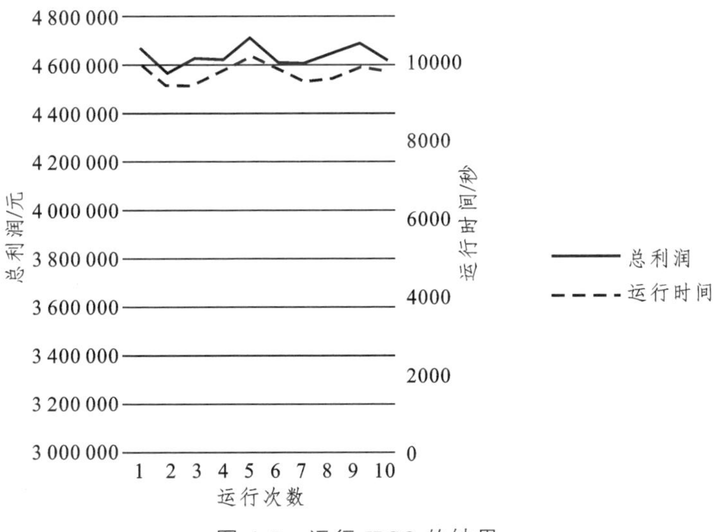

图 4-5　运行 IPSO 的结果

结果表明，决策者应选择第 k^5 种车辆，并分别为 i^1、i^2 和 i^3 配置 8 辆、6 辆和 6 辆 k^5 车。虽然在所有类型的车辆中，k^5 能装载的标准托盘数量最少，但 k^5 的 CO_2 排放量最低，其单位运输成本、闲置成本、租赁费和价格也最低。优化方案如表 4-5 至表 4-9 所示。

表 4-5　第 1 阶段优化方案

服务站	j_1	j_2	j_3	j_4	o_1	使用车辆	闲置车辆
i_1	2	1	1	3	7	0	1
i_2	1	2	1	1	5	0	1
i_3	2	2	4	1	9	3	0

从表 4-5 可以看出，分别有 2 辆、1 辆、1 辆、3 辆和 7 辆 j^5 车分别从 i^1 到 j^1，从 i^1 到 j^2，从 i^1 到 j^3，从 i^1 到 j^4，从 o^1 到 i^1 运送托盘。在 i^1 i^1 和 i^2 有一辆闲置车辆，而 i^3 应向车辆租赁公司租用 3 辆车。表 4-10 以同样的方式显示信息。

表 4-6　第 2 阶段的优化方案

服务站	j_1	j_2	j_3	j_4	o_1	使用车辆	闲置车辆
i_1	2	2	1	1	6	0	2
i_2	1	1	1	3	6	0	0
i_3	5	1	2	1	9	3	0

表 4-7　第 3 阶段的优化方案

服务站	j_1	j_2	j_3	j_4	o_1	使用车辆	闲置车辆
i_1	3	2	2	1	8	0	0
i_2	1	3	1	1	6	0	0
i_3	2	1	1	2	6	0	0

表 4-8　第 4 阶段的优化方案

服务站	j_1	j_2	j_3	j_4	o_1	使用车辆	闲置车辆
i_1	3	2	1	2	8	0	0
i_2	2	2	1	1	6	0	0
i_3	5	1	1	1	8	2	0

表 4-9　第 5 阶段的优化方案

服务站	j_1	j_2	j_3	j_4	o_1	使用车辆	闲置车辆
i_1	2	2	1	3	8	0	0
i_2	1	2	1	1	5	0	1
i_3	2	1	1	2	6	0	0

4.4.2　IPSO 的有效性分析

我们还将采用 Clerc 和 Kennedy[63]提出的另一种广泛使用的改进 PSO 算法——带收缩因子的 PSO（CPSO）求解算例。同样基于 Python 软件开

发 CPSO 算法，实现也较为简单，只需用公式 $v_{ij}^{n}=\lambda(v_{ij}^{o}+c_1\times rnd_1\times(p_{\text{best}ij}-p_{ij}^{o})+c_2\times rnd_2\times(g_{\text{best}j}-p_{ij}^{o}))$ 代替步骤 4 中的速度更新方程即可。$\lambda=\dfrac{2}{\left|2-\varphi-\sqrt{\varphi^2-4\varphi}\right|}$ 为收缩因子，其中 $\varphi=c_1+c_2$，$c_1=c_2=2.05$ [63]。独立运行 CPSO 算法 10 次，结果如图 4-6 所示。平均期望利润为 4 570 402 元，平均运行时间为 2 h 27 min 3 s。虽然 CPSO 算法的运行时间比 IPSO 算法少 12 min 50 s，但 CPSO 算法获得的总期望利润却比 IPSO 算法少 66 451 元。因此，IPSO 优于 CPSO。

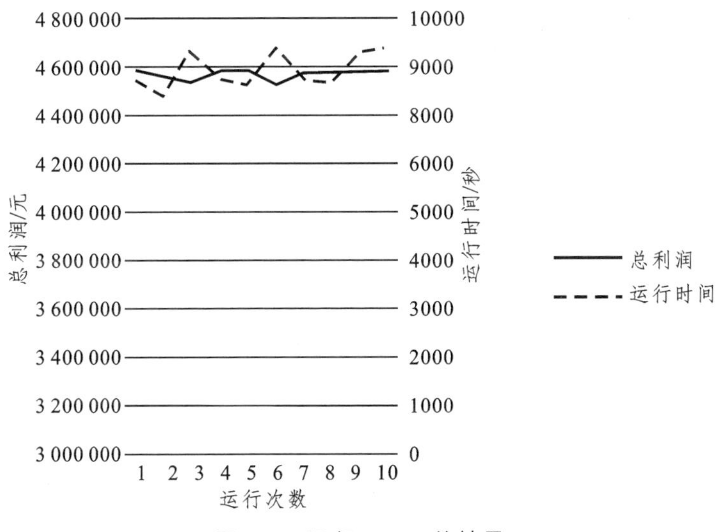

图 4-6　运行 CPSO 的结果

为了证明 IPSO 能够找到全局最优,我们设计了一个更为简单的例子，即时间周期为 1（t^1），托盘租赁公司只提供一种托盘（p^1）。其他参数与 4.4.1 节中的算例相同。应用 Lingo 软件和 IPSO 求解该问题，得出的最大期望利润分别为 298 118 元和 295 940 元。IPSO 求得的总期望利润仅比 Lingo 少 2178 元（0.7%）。Lingo 采用分支定界法求解整模型，结果也显示找到了全局最优解。因此，IPSO 得出的最优解可以被视为全局最优解。Lingo 的求解结果如图 4-7 和表 4-10 所示。对于该问题，决策者应该租用车辆而非购买车辆，i^1、i^2 和 i^3 服务站应分别租用 1 辆 k^2、1 辆 k^5 和 2 辆 k^5。

Global optimal solution found.	
Objective value:	298 118.4
Objective bound:	298 118.4
Infeasibilities:	0.000 000
Extended solver steps:	3 740
Total solver iterations:	57 268

图 4-7 Lingo 的求解结果

表 4-10 简单情况下的优化方案

服务站	j_1	j_2	j_3	j_4	o_1	使用车辆	闲置车辆
i_1	1	—	—	—	1	1	0
i_2	—	—	—	1	1	1	0
i_3	—	1	1	—	2	2	0

4.4.3 敏感性分析

令 k_5 的价格分别为 70 000 元、80 000 元、90 000 元、100 000 元和 110 000 元，其他参数取值与第 4.4.1 节中的算例相同，则得到的最优车辆类型分别为 k_5、k_5、k_5、k_4 和 k_4。期望总利润与 k_5 的关系如图 4-8 所示。因此，尽管 k_5 的 CO_2 排放量低于 k_4，但如果成本太高，决策者就不应选择 k_5。

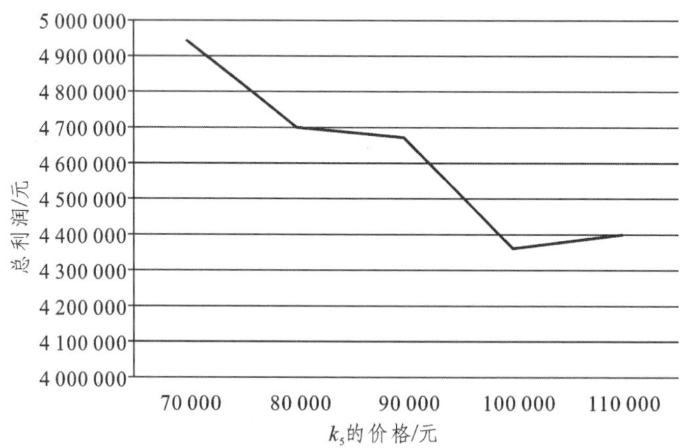

图 4-8 期望总利润与 k_5 价格之间的关系

k_5 的闲置成本分别取 60 元、70 元、80 元、90 元和 100 元，其他参数值与第 4.4.1 节中的算例相同，则得到的最优车辆类型分别为 k_5、k_5、k_4、k_4 和 k_4。期望总利润与 k_5 的闲置成本的关系如图 4-9 所示。虽然 k_5

的 CO_2 排放量低于 k_4，但如果 k_5 的闲置成本过高，决策者就不会选择 k_5。我们还分析了期望总利润与 k_5 租金之间的关系，发现如果 k_5 的租金过高，决策者也不会选择 k_5。

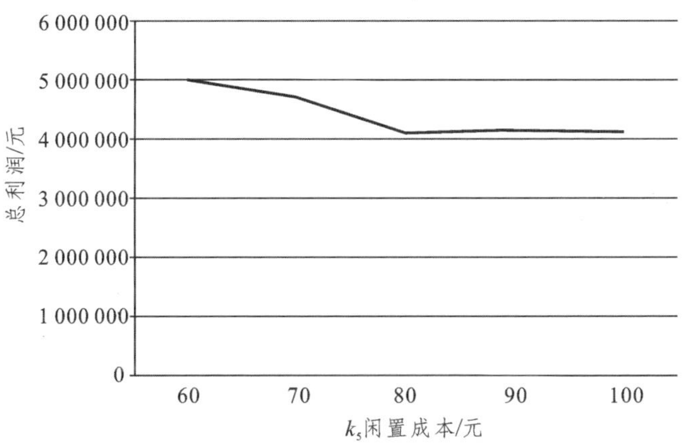

图 4-9 期望总利润与 k_5 闲置成本之间的关系

4.5 本章小结

托盘租赁公司需要将托盘从托盘租赁服务站（PRSS）配送到客户处，并在客户使用完托盘后将其回收，因此需要为托盘租赁服务站配置适当数量和类型的车辆。

为解决这一问题，本章提出了一个考虑 CO_2 排放的车队规模配置和托盘调度联合优化模型。模型考虑了包括不确定性需求、存储能力和车辆租赁等在内的诸多因素。由于决策者不仅要关注利润，而且要考虑托盘物流对环境的影响，所以我们设置的模型的目标函数是使托盘租赁公司的利润最大化的同时，使车辆 CO_2 排放量最小化。基于 Python 软件开发了一种带有惯性因子的粒子群优化算法求解模型。IPSO 可以通过设置惯性因子来控制收敛速度，因此可以避免陷入局部最优，并能在可接受的迭代次数内找到全局最优解。算例证明了模型和算法的有效性。此外，我们还通过两个基准算法，即带有收缩因子的 PSO（PSO with constriction factor，CPSO）和 Lingo 提供的分支定界方法，检验了 IPSO 的性能。算例分析结果还表明，车辆的 CO_2 排放量会显著影响车队规模配置和托盘调度的联合优化决策。但是，CO_2 排放量低的车辆的价格、租金和闲置成本也不能太高。

本章的主要贡献为：首次提出车队规模配置和托盘调度联合优化方法，由于车队规模会显著地影响托盘调度的效率和成本，所以本章提出的方法对于决策者来说具有重要的指导意义。

第 5 章　多式联运网络中的托盘调度优化方法

第 4 章研究了托盘租赁服务站车队规模配置和托盘调度的联合优化方法，基于混合整数规划和随机规划方法，构建了车队规模配置和托盘调度的联合优化模型，开发了一种带惯性因子的粒子群算法求解模型，并通过算例分析证明了模型和 IPSO 算法的有效性。

本章为解决多式联运网络中的托盘调度决策难题，将采用非线性规划、混合整数规划和改进粒子群算法等方法，研究托盘共用系统管理者可以选择水路、公路和铁路 3 种运输模式运输托盘时，管理者应采取的调度方法。首先，分析多式联运网络中的托盘调度流程；其次，构建多式联运网络中的托盘调度混合整数非线性规划模型，模型中考虑转运时间、转运成本、作业批量、托盘毁坏率、时间约束等因素；再次，设计带惯性因子的粒子群算法和带压缩因子的粒子群算法；最后，通过实验分析验证模型和算法的有效性。研究结果表明，应用多式联运网络中的托盘调度模型能获得更经济的调度方案，总成本较采用单一的公路运输降低了 69.1%；IPSO 获得的最优方案较 CPSO 更好，IPSO 得到的调度总成本较 CPSO 降低了 1.82%；客户的期望满足时间越宽松时，采用多式联运的方式调度托盘越能节约调度成本；多式联运所耗费的转运时间和转运成本直接影响托盘调度决策。

5.1　多式联运网络中的托盘调度问题描述

托盘共用系统由供给者、缺盘者和富盘者组成。缺盘者和富盘者均是供给者的客户。供给者通过其在营业范围内的服务网点向缺盘者提供托盘，并将富盘者的托盘收回。多式联运网络中的托盘调度问题的详细描述见图 5-1。

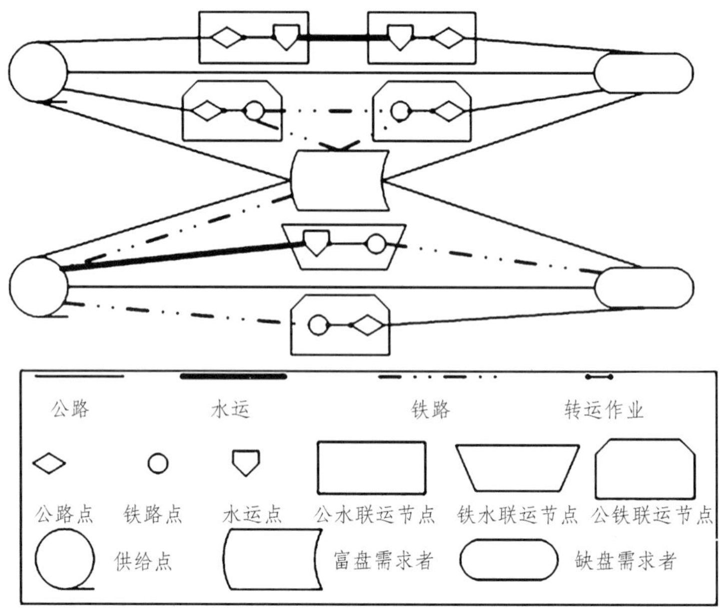

图 5-1　多式联运网络中的托盘调度问题

托盘共用系统中的空托盘可通过公路、铁路、水路 3 种运输方式进行运输，每种运输方式的运输速度、运输成本都不一样，托盘在两种运输方式之间转换时须耗费转运时间，并须付出转运成本。供给者需要以成本最低的方式合理调度托盘，以满足富盘者和缺盘者的需求。

如果系统内的托盘数量不足以满足缺盘者的需求，则服务网点需购买托盘。供给者必须在缺盘者要求的时间内将托盘送达，且越接近客户要求的时间越好。供给者也必须在规定时间内将托盘从富盘者收回，否则会影响下一期的供给能力。

5.2　多式联运网络中的托盘调度优化模型构建

采用非线性规划和混合整数规划方法构建多式联运网络中的托盘调度优化模型。

（1）标量。

$i \in I$ 供给者服务网点；$j_0 \in J_0$ 缺盘者；$j_1 \in J_1$ 富盘者；$p \in P$ 托盘型号；$t \in T$ 决策周期；$m \in M$、$n \in N$、$o \in O$ 分别为从 i 到 j_0、从 j_1 到 j_0 和从 j_1

到 i 的运输径路；$y \in Y$ 运输方式，包括公路、水路、铁路等。

（2）决策变量。

X_{ij_0pmt}、$X_{j_1j_0pnt}$、X_{j_1ipot} 分别为 t 期通过 m 径路从 i 运到 j_0、n 径路从 j_1 运到 j_0、o 径路从 j_1 运到 i 的 p 型托盘的数量；I_{ij_0mt}、$I_{j_1j_0nt}$、I_{j_1iot} 分别为 t 期是否通过 m 径路将托盘从 i 运到 j_0、n 径路将托盘从 j_1 运到 j_0、o 径路将托盘从 j_1 运到 i；H_{ipt} 为 t 期 i 购买的 p 型托盘的数量。

（3）参数。

C_{ij_0pm}、$C_{j_1j_0pn}$、C_{j_1ipo} 分别为将 p 型托盘通过 m 径路从 i 运到 j_0、n 径路从 j_1 运到 j_0、o 径路从 j_1 运到 i 的单位运输成本；C_p 为 p 型托盘的单位购买成本；C_{ip} 为 p 型托盘在 i 的单位库存成本；τ_{ij_0mt}、$\tau_{j_1j_0nt}$、τ_{j_1iot} 分别为 t 期通过 m 径路将托盘从 i 运到 j_0、n 径路将托盘从 j_1 运到 j_0、o 径路将托盘从 j_1 运到 i 的作业时间，包括运输时间和转运时间；t_{ij_0mt}、$t_{j_1j_0nt}$、t_{j_1iot} 分别为 t 期通过 m 径路将托盘从 i（目的地为 j_0）、n 径路将托盘从 j_1（目的地为 j_0）、o 径路将托盘从 j_1（目的地为 i）运出的时间；ζ_{j_0t} 和 ζ_{it} 分别为 t 期 j_0 和 i 期望托盘运到的时间；S_{ipt} 为 t 期进入 i 的 p 型托盘的数量（如维修返还的托盘）；S_{j_1pt} 为 t 期 j_1 待回收的 p 型托盘的数量；ε_{j_1pt} 为 t 期 j_1 待回收的 p 型托盘的毁坏率；D_{j_0pt} 为 t 期 j_0 对 p 型托盘的需求量；K_{ipt} 和 K_{0it} 分别为 t 期末 i 的 p 型托盘的库存量和库存能力；A_{ij_0mt}、$A_{j_1j_0nt}$、A_{j_1iot} 分别为 t 期从 i 到 j_0 的 m 径路、从 j_1 到 j_0 的 n 径路、从 j_1 到 i 的 o 径路的运输能力；B_{ij_0myt}、$B_{j_1j_0nyt}$、B_{j_1ioyt} 分别为 t 期从 i 到 j_0 的 m 径路、从 j_1 到 j_0 的 n 径路、从 j_1 到 i 的 o 径路上 y 运输方式的最小作业批量要求；υ_p 和 ψ_p 分别为一个 p 型托盘占用的库存能力和运输能力；l_{ij_0my}、v_{ij_0my}、c_{ij_0pmy} 分别为从 i 运到 j_0 的 m 径路的 y 运输方式的里程、运输速度和 p 型托盘的单位里程运输成本；$l_{j_1j_0ny}$、$v_{j_1j_0ny}$、$c_{j_1j_0pny}$ 分别为从 j_1 运到 j_0 的 n 径路的 y 运输方式的里程、运输速度和 p 型托盘的单位里程运输成本；l_{j_1ioy}、v_{j_1ioy}、c_{j_1ipoy} 分别为从 j_1 运到 i 的 o 径路的 y 运输方式的里程、运输速度和 p 型托盘的单位里程运输成本；$\sigma_{ij_0myy_1}$、$\sigma_{j_1j_0nyy_1}$、$\sigma_{j_1ioyy_1}$ 分别为从 i 运到 j_0 的 m 径路、从 j_1 运到 j_0 的 n 径路、从 j_1 运到 i 的 o 径路上单位批量托盘从 y 转到

y_1（$y_1 \neq y$）的单位批次转运时间；$Z_{ij_0myy_1}$、$Z_{j_1j_0nyy_1}$、$Z_{j_1ioyy_1}$分别为从 i 运到 j_0 的 m 径路、从 j_1运到 j_0 的 n 径路、从 j_1运到 i 的 o 径路上单位批量托盘从 y转到 y_1（$y_1 \neq y$）的单位批次转运成本；$\rho_{ij_0myy_1t}$、$\rho_{j_1j_0nyy_1t}$、$\rho_{j_1ioyy_1t}$ 分别为 t 期从 i 运到 j_0 的 m 径路、从 j_1运到 j_0 的 n 径路、从 j_1运到 i 的 o 径路上托盘从 y转到 y_1（$y_1 \neq y$）需要的作业批次。

管理者在制定托盘调度方案时需均衡调度成本和调度时间，因此调度模型为多目标函数。目标函数式（5-1）表示调度总成本最低，包括托盘运输成本及转运成本、服务网点购买成本、服务网点库存成本。在实际运营中，运输成本可以精确到单个托盘，但转运一般为机械作业，很难精确到单个托盘的转运成本，因此本书设定运输成本为托盘运输量和单位托盘运输成本的乘积，而转运成本为作业批次和单位批次转运成本的乘积。目标函数式（5-2）表示托盘运到缺盘者和服务网点的时间与期望的时间越接近越好，充分体现准时到达的理念。

$$
\begin{aligned}
\min f_1 = & \sum_{t\in T}\sum_{p\in P}\sum_{i\in I} C_p H_{ipt} + \sum_{t\in T}\sum_{i\in I}\sum_{p\in P} C_{ip} K_{ipt} + \\
& \sum_{i\in I}\sum_{j_0\in J_0}\sum_{m\in M}\sum_{p\in P}\sum_{t\in T}\sum_{y\in Y\bigcap y_1\in Y\bigcap y\neq y_1} I_{ij_0mt}(C_{ij_0pm}X_{ij_0pmt} + \rho_{ij_0myy_1t}Z_{ij_0myy_1}) + \\
& \sum_{j_1\in J_1}\sum_{j_0\in J_0}\sum_{n\in N}\sum_{p\in P}\sum_{t\in T}\sum_{y\in Y\bigcap y_1\in Y\bigcap y\neq y_1} I_{j_1j_0nt}(C_{j_1j_0pn}X_{j_1j_0pnt} + \rho_{j_1j_0nyy_1t}Z_{j_1j_0nyy_1}) + \\
& \sum_{j_1\in J_1}\sum_{i\in I}\sum_{o\in O}\sum_{p\in P}\sum_{t\in T}\sum_{y\in Y\cap y_1\in Y\cap y\neq y_1} I_{j_1iot}(C_{j_1ipo}X_{j_1ipot} + \rho_{j_1ioyy_1t}Z_{j_1ioyy_1})
\end{aligned}
\quad (5\text{-}1)
$$

$$
\begin{aligned}
\min f_2 = & \sum_{t\in T}\sum_{i\in I}\sum_{j_0\in J_0}\sum_{m\in M}(\zeta_{j_0t} - I_{ij_0mt}(\tau_{ij_0mt} + \iota_{ij_0mt})) + \\
& \sum_{t\in T}\sum_{j_1\in J_1}\sum_{j_0\in J_0}\sum_{n\in N}(\zeta_{j_0t} - I_{j_1j_0nt}(\tau_{j_1j_0nt} + \iota_{j_1j_0nt})) + \\
& \sum_{t\in T}\sum_{j_1\in J_1}\sum_{i\in I}\sum_{o\in O}(\zeta_{it} - I_{j_1iot}(\tau_{j_1iot} + \iota_{j_1iot}))
\end{aligned}
\quad (5\text{-}2)
$$

模型的约束条件包括式（5-3）至式（5-27）。式（5-3）为供给约束。

$$
\sum_{m\in M}\sum_{j_0\in J_0} I_{ij_0mt}X_{ij_0pmt} \leqslant K_{ip(t-1)} + H_{ipt} + S_{ipt} \quad (5\text{-}3)
$$

式（5-4）表示从富盘者运到缺盘者的托盘必须完好无损。

$$\sum_{n\in N}\sum_{j_0\in J_0} I_{j_1j_0nt}X_{j_1j_0pnt}\leqslant(1-\varepsilon_{j_1pt})S_{j_1pt} \tag{5-4}$$

式（5-5）为回收约束。

$$\sum_{n\in N}\sum_{j_0\in J_0} I_{j_1j_0nt}X_{j_1j_0pnt}+\sum_{o\in O}\sum_{i\in I} I_{j_1iot}X_{j_1ipot}=S_{j_1pt} \tag{5-5}$$

式（5-6）为需求约束。

$$\sum_{m\in M}\sum_{i\in I} I_{ij_0mt}X_{ij_0pmt}+\sum_{n\in N}\sum_{j_1\in J_1} I_{j_1j_0nt}X_{j_1j_0pnt}=D_{j_0pt} \tag{5-6}$$

式（5-7）和式（5-8）为库存约束。

$$K_{ipt}=K_{ip(t-1)}+H_{ipt}+S_{ipt}-\sum_{m\in M}\sum_{j_0\in J_0} I_{ij_0mt}X_{ij_0pmt}+\sum_{o\in O}\sum_{j_1\in J_1} I_{j_1iot}X_{j_1ipot} \tag{5-7}$$

$$\sum_{p\in P}\upsilon_p K_{ipt}\leqslant K_{0it} \tag{5-8}$$

式（5-9）~（5-11）表示为了达到规模效应，某径路运输的所有托盘所占据的运输能力必须大于等于该径路要求的最小批量（该值取所有运输方式最小批量的最大值）。但同时某径路运输的所有托盘占据的运输能力也不能超过该径路的最大运输能力。

$$\max\left\{B_{ij_0myt}:y\in Y\right\}\leqslant\sum_{p\in P}\psi_p I_{ij_0mt}X_{ij_0pmt}\leqslant A_{ij_0mt} \tag{5-9}$$

$$\max\left\{B_{j_1j_0nyt}:y\in Y\right\}\leqslant\sum_{p\in P}\psi_p I_{j_1j_0nt}X_{j_1j_0pnt}\leqslant A_{j_1j_0nt} \tag{5-10}$$

$$\max\left\{B_{j_1ioyt}:y\in Y\right\}\leqslant\sum_{p\in P}\psi_p I_{j_1iot}X_{j_1ipot}\leqslant A_{j_1iot} \tag{5-11}$$

式（5-12）~（5-14）表示两点之间只能选择一条径路运输托盘。

$$\sum_{m\in M} I_{ij_0mt}=1 \tag{5-12}$$

$$\sum_{n\in N} I_{j_1j_0nt}=1 \tag{5-13}$$

$$\sum_{o\in O} I_{j_1iot}=1 \tag{5-14}$$

式（5-15）~（5-17）表示某径路所需的总运输时间等于各种运输方式的运输时间之和（运输时间=运输距离/运输速度）加各种运输方式之间的转运时间之和（转运时间=作业批次×单位批次转运时间）。$\lceil\cdot\rceil$表示对·进行向上取整。

$$\tau_{ij_0mt}=\left\lceil \sum_{y\in Y} l_{ij_0my}/v_{ij_0my}+\sum_{y\in Y\cap y_1\in Y\cap y\neq y_1}\rho_{ij_0myy_1t}\sigma_{ij_0myy_1}\right\rceil \tag{5-15}$$

$$\tau_{j_1j_0nt}=\left\lceil \sum_{y\in Y} l_{j_1j_0ny}/v_{j_1j_0ny}+\sum_{y\in Y\cap y_1\in Y\cap y\neq y_1}\rho_{j_1j_0nyy_1t}\sigma_{j_1j_0nyy_1}\right\rceil \tag{5-16}$$

$$\tau_{j_1iot}=\left\lceil \sum_{y\in Y} l_{j_1ioy}/v_{j_1ioy}+\sum_{y\in Y\cap y_1\in Y\cap y\neq y_1}\rho_{j_1ioyy_1t}\sigma_{j_1ioyy_1}\right\rceil \tag{5-17}$$

式（5-18)、式（5-19）表示服务网点必须在客户期望的时间内将托盘运到缺盘者。

$$I_{ij_0mt}\tau_{ij_0mt}\leqslant\zeta_{j_0t} \tag{5-18}$$

$$I_{j_1j_0nt}\tau_{j_1j_0nt}\leqslant\zeta_{j_0t} \tag{5-19}$$

式（5-20）表示必须在规定的时间内将托盘回收到服务网点。设置该约束的目的是避免为了追求运输成本低，而使托盘回收到服务网点的时间太晚，从而导致服务网点出现缺盘的现象。

$$I_{j_1iot}\tau_{j_1iot}\leqslant\zeta_{it} \tag{5-20}$$

式（5-21）~（5-23）表示某径路的单位托盘运输成本为该径路上各种运输方式成本之和。

$$C_{ij_0pm}=\sum_{y\in Y} l_{ij_0my}c_{ij_0pmy} \tag{5-21}$$

$$C_{j_1j_0pn}=\sum_{y\in Y} l_{j_1j_0ny}c_{j_1j_0pny} \tag{5-22}$$

$$C_{j_1ipo}=\sum_{y\in Y} l_{j_1ioy}c_{j_1ipoy} \tag{5-23}$$

式（5-24）~（5-26）表示某径路所需的作业批次取运输总量与各类运输方式的最小批量之比。采取向上取整的方式保证批次为整数，这是因为通常来讲，如果不满一批，也需要按一批计算转运成本。

$$\rho_{ij_0myy_1t}=\left\lceil\sum_{p\in P}\psi_p I_{ij_0mt}X_{ij_0pmt}/\min\left\{B_{ij_0myt}:y\in Y\right\}\right\rceil \tag{5-24}$$

$$\rho_{j_1j_0nyy_1t}=\left\lceil\sum_{p\in P}\psi_p I_{j_1j_0nt}X_{j_1j_0pnt}/\min\left\{B_{j_1j_0nyt}:y\in Y\right\}\right\rceil \tag{5-25}$$

$$\rho_{j_1ioyy_1t}=\left\lceil\sum_{p\in P}\psi_p I_{j_1iot}X_{j_1ipot}/\min\left\{B_{j_1ioyt}:y\in Y\right\}\right\rceil \tag{5-26}$$

式（5-27）为决策变量的取值约束。

$$X_{ij_0pmt},X_{j_1j_0pnt},X_{j_1ipot},H_{ipt}\geqslant 0,\text{且取整数};\ I_{ij_0mt},I_{j_1j_0nt},I_{j_1iot}\in\{0,1\} \tag{5-27}$$

5.3　多式联运网络中的托盘调度优化模型处理

为求解方便，将式（5-2）转换为成本最小。

$$\begin{aligned}\min f_3=&\sum_{t\in T}\sum_{i\in I}\sum_{j_0\in J_0}\sum_{m\in M}\sum_{p\in P}\Im_{j_0}X_{ij_0pmt}(\zeta_{j_0t}-I_{ij_0mt}(\tau_{ij_0mt}+\iota_{ij_0mt}))+\\&\sum_{t\in T}\sum_{j_1\in J_1}\sum_{j_0\in J_0}\sum_{n\in N}\sum_{p\in P}\phi_{j_0}X_{j_1j_0^*pnt}(\zeta_{j^0t}-I_{j_1j_0nt}(\tau_{j_1j_0nt}+\iota_{j_1j_0nt}))+\\&\sum_{t\in T}\sum_{j_1\in J_1}\sum_{i\in I}\sum_{o\in O}\sum_{p\in P}\Im_i X_{j_1ipot}(\zeta_{it}-I_{j_1iot}(\tau_{j_1iot}+\iota_{j_1iot}))\end{aligned} \tag{5-28}$$

其中，$\Im_{j_0}$、ϕ_{j_0} 和 $\Im_i$ 为惩罚系数，表示提前到达需支付的库存成本及惩罚成本。文献[64]在研究码头排位问题时将到达时间表示为凸函数 $(\cdot)^\alpha$，以利用凸函数具有的边际递增特性反映客户的不满情绪。但是这种方法会导致求解模型非常复杂，且在实际工作中，决策者很难准确估计出 α 的值。事实上，更加简单实用的方法是将 $\Im_{j_0}$、ϕ_{j_0} 和 $\Im_i$ 设置为分段函数（提前到达时间越长，惩罚系数越大），这样不仅可以大大降低模型求解难度，而且也能准确反映客户的不满情绪。于是，需增加约束条件式（5-29）~（5-31）。其中 $\wp_{1j_0},\wp_{2j_0},\cdots,\wp_{qj_0}$ 表示 j_0 划分的 q 个阶段，$\wp_{1i},\wp_{2i},\cdots,\wp_{qi}$ 表示 i 划分的 q 个阶段，$\Im_{1j_0}\leqslant\Im_{2j_0}\leqslant\cdots\leqslant\Im_{qj_0}$，$\Im_{1i}\leqslant\Im_{2i}\leqslant\cdots\leqslant\Im_{qi}$。

$$\Im_{j_0}=\begin{cases}\Im_{1j_0}, & \zeta_{j_0t}-I_{ij_0mt}(\tau_{ij_0mt}+\iota_{ij_0mt})\leqslant\wp_{1j_0}\\ \Im_{2j_0}, & \wp_{1j_0}<\zeta_{j_0t}-I_{ij_0mt}(\tau_{ij_0mt}+\iota_{ij_0mt})\leqslant\wp_{2j_0}\\ \cdots & \\ \Im_{qj_0}, & \wp_{qj_0}<\zeta_{j_0t}-I_{ij_0mt}(\tau_{ij_0mt}+\iota_{ij_0mt})\end{cases} \tag{5-29}$$

$$\phi_{j_0}=\begin{cases}\Im_{1j_0}, & \zeta_{j_0t}-I_{j_1j_0nt}(\tau_{j_1j_0nt}+\iota_{j_1j_0nt})\leqslant\wp_{1j_0}\\ \Im_{2j_0}, & \wp_{1j_0}<\zeta_{j_0t}-I_{j_1j_0nt}(\tau_{j_1j_0nt}+\iota_{j_1j_0nt})\leqslant\wp_{2j_0}\\ \cdots & \\ \Im_{qj_0}, & \wp_{qj_0}<\zeta_{j_0t}-I_{j_1j_0nt}(\tau_{j_1j_0nt}+\iota_{j_1j_0nt})\end{cases} \tag{5-30}$$

$$\Im_{i}=\begin{cases}\Im_{1i}, & \zeta_{it}-I_{j_1iot}(\tau_{j_1iot}+\iota_{j_1iot})\leqslant\wp_{1i}\\ \Im_{2i}, & \wp_{1i}<\zeta_{it}-I_{j_1iot}(\tau_{j_1iot}+\iota_{j_1iot})\leqslant\wp_{2i}\\ \cdots & \\ \Im_{qi}, & \wp_{qi}<\zeta_{it}-I_{j_1iot}(\tau_{j_1iot}+\iota_{j_1iot})\end{cases} \tag{5-31}$$

然后将目标函数式（5-28）纳入式（5-1），即可获得多式联运网络中的托盘调度单目标混合整数非线性规划模型：

$$\begin{aligned}\min f_4 = &\sum_{t\in T}\sum_{p\in P}\sum_{i\in I}C_pH_{ipt}+\sum_{t\in T}\sum_{i\in I}\sum_{p\in P}C_{ip}K_{ipt}+\\ &\sum_{i\in I}\sum_{j_0\in J_0}\sum_{m\in M}\sum_{p\in P}\sum_{t\in T}\sum_{y\in Y\cap y_1\in Y\cap y\neq y_1}I_{ij_0mt}(C_{ij_0pm}X_{ij_0pmt}+\rho_{ij_0myy_1t}Z_{ij_0myy_1})+\\ &\sum_{j_1\in J_1}\sum_{j_0\in J_0}\sum_{n\in N}\sum_{p\in P}\sum_{t\in T}\sum_{y\in Y\cap y_1\in Y\cap y\neq y_1}I_{j_1j_0nt}(C_{j_1j_0pn}X_{j_1j_0pnt}+\rho_{j_1j_0nyy_1t}Z_{j_1j_0nyy_1})+\\ &\sum_{j_1\in J_1}\sum_{i\in I}\sum_{o\in O}\sum_{p\in P}\sum_{t\in T}\sum_{y\in Y\cap y_1\in Y\cap y\neq y_1}I_{j_1iot}(C_{j_1ipo}X_{j_1ipot}+\rho_{j_1ioyy_1t}Z_{j_1ioyy_1})+\\ &\sum_{t\in T}\sum_{i\in I}\sum_{j_0\in J_0}\sum_{m\in M}\sum_{p\in P}\Im_{j_0}X_{ij_0pmt}(\zeta_{j_0t}-I_{ij_0mt}(\tau_{ij_0mt}+\iota_{ij_0mt}))+\\ &\sum_{t\in T}\sum_{j_1\in J_1}\sum_{j_0\in J_0}\sum_{n\in N}\sum_{p\in P}\phi_{j_0}X_{j_1j_0pnt}(\zeta_{j_0t}-I_{j_1j_0nt}(\tau_{j_1j_0nt}+\iota_{j_1j_0nt}))+\\ &\sum_{t\in T}\sum_{j_1\in J_1}\sum_{i\in I}\sum_{o\in O}\sum_{p\in P}\Im_{i}X_{j_1ipot}(\zeta_{it}-I_{j_1iot}(\tau_{j_1iot}+\iota_{j_1iot}))\end{aligned} \tag{5-32}$$

s.t. 式（5-3）~（5-27），式（5-29）~（5-31）

5.4　多式联运网络中的托盘调度优化模型求解算法

构建的多式联运网络中的托盘调度模型为混合整数非线性规划模型，需采用智能化算法求解。本书将采用改进的粒子群算法求解模型。PSO 已经在机器排程、径路优化、集装箱空箱调度等领域中得到广泛应用。尽管经典的 PSO 有诸多优点[65]，但是也存在后期容易陷入局部最优的缺点，因此学者们提出了多种改进的 PSO 算法[66]，本书将利用两种改进的 PSO 求解模型，并对计算结果进行比较。

（1）算法 1：带惯性因子的 PSO。

步骤 1　随机生成带有速度的粒子的种群。

种群规模为 40。粒子 i 的信息可以用 j 维向量表示，它在第 n 次迭代中的位置为 p_{ijn}，速度为 v_{ijn}。粒子的初始位置为 $p_{ijo}=\text{int}(N\times r_{ij})$（其中 N 为一个常数，应根据求解问题中客户需求量的最大值定，在后面章节算例中 N 取 5000），初始速度为 $v_{ijo}=\text{int}\,(20\hbar_{ij})-10$。$r_{ij}$ 和 $\hbar_{ij}$ 为均匀分布在[0, 1]之间的随机数。

步骤 2　计算 5.3 节模型中所示的约束条件式（5-3）~（5-27），式（5-29）~（5-31）。

如果不满足任一约束，则适应度函数就通过公式 $f(i)=M$ 赋值，其中 M 是一个很大的数（本书设 $M=10^{10}$）。否则用 5.3 节模型中所示的目标函数式（5-32）计算适应度函数，$\begin{cases}\text{若}f(i)<f(\ell_{ij}),\ \text{则}\ell_{ij}=p_{ij}\\ \text{若}f(i)<f(g_{\text{i}}),\ \text{则}\ g_{\text{i}}=p_{ij}\end{cases}$，其中 ℓ_{ij} 是粒子自己的最优经验，g_i 是所有粒子的最优经验。

步骤 3　更新位置和速度。

位置的更新公式为 $p_{ijn}=p_{ijo}+v_{ijn}$。其中 p_{ijn} 是粒子的新位置；p_{ijo} 为粒子的当前位置；v_{ijn} 是粒子的新速度。借鉴 Shi 和 Eberhart 的研究[45]，通过设置惯性因子来控制速度的更新（称为带惯性因子的 PSO，即 IPSO），速度的更新公式为

$$v_{ijn}=w\times v_{ijo}+c_1\times r_1\times(\ell_{ij}-p_{ijo})+c_2\times r_2\times(g_i-p_{ijo})\qquad(5\text{-}33)$$

其中，$w = w_{\min} + (w_{\max} - w_{\min})\dfrac{k_{\max} - k}{k_{\max}}$ 为惯性因子；k 是迭代次数；$k_{\max}$ 是最大迭代次数；$w_{\min} = 0.4$；$w_{\max} = 0.9$；$c_1 = (c_{1s} - c_{1d}) \times \dfrac{k_{\max} - k}{k_{\max}} + c_{1d}$ 和 $c_2 = (c_{2s} - c_{2d}) \times \dfrac{k_{\max} - k}{k_{\max}} + c_{2d}$ 为加速因子，其中 $c_{1s} = 2.5$，$c_{1d} = 0.5$，$c_{2s} = 0.5$，$c_{2d} = 2.5$ [经典的粒子群算法通常将加速因子设为 2，Ratnaweera 等[48]提出采用式（5-33）可以减少粒子陷入局部最小值的概率，并能加快收敛速度]；r_1 和 r_2 为均匀分布在[0, 1]之间的随机数；v_{ijo} 是当前速度。速度应介于 i^2 和 $v_{\min} = -10$ 之间。如果 $v_{ijn} > v_{\max}$，则 $v_{ijn} = v_{\max}$；如果 $v_{ijn} < v_{\min}$，则 $v_{ijn} = v_{\min}$。

步骤 4　如果迭代次数达到最大值（$k_{\max} = 100$），则停止程序；否则进入步骤 2。

（2）算法 2：带压缩因子的 PSO。

参考 Clerc 和 Kennedy [63]提出的带压缩因子的 PSO，即 CPSO 的方法，用 $v_{ijn} = \lambda(v_{ijo} + c_1 \times r_1 \times (\ell_{ij} - p_{ijo}) + c_2 \times r_2 \times (g_i - p_{ijo}))$ 替换步骤 3 的速度更新公式（5-33），λ 为压缩因子 $\lambda = \dfrac{2}{|2 - \varphi + \sqrt{\varphi^2 - 4\varphi}|}$，其中 $\varphi = c_1 + c_2$，$c_1 = c_2 = 2.05$，即 $\lambda = 0.729$。

5.5　多式联运网络中的托盘调度优化算例分析

本书的数值实验是在四川某托盘租赁公司现实案例的基础上提出的。i_1 是一个位于 Q 市市区的服务网点，库存能力为 8000 片托盘。i_2 是一个位于 M 市码头的服务网点（该码头同时具备公路、水路和铁路），库存能力为 4000 片托盘。j_{11} 是在 R 市铁路货场的富盘者。j_{01} 和 j_{02} 两个缺盘者分别位于 W 市和 Y 市市区。单位 p_1 托盘占用的库存能力和运输能力为 1。单位 p_2 托盘占用的库存能力和运输能力为 1.1。待回收的 p_1 和 p_2 托盘的毁坏率分别为 10%和 50%。

在 t_1、t_2、t_3、t_4 期，j_{11} 待回收的 p_1 型号托盘量分别为 1000、1200、1300、1400 片；j_{11} 待回收的 p_2 型号托盘量分别为 1000、2000、3000、2000

片； j_{01} 对 p_1 型号托盘需求量分别为 3000、3000、2000、2000 片； j_{01} 对 p_2 型号托盘需求量分别为 1500、2000、1000、2000 片； j_{02} 对 p_1 型号托盘需求量分别为 5000、4000、5000、2000 片； j_{02} 对 p_2 型号托盘需求量分别为 3000、2000、3000、2000 片。公路、铁路和水路的最小运输批量均分别为 100、2000、3000 片。

i_1 和 i_2 均要求富盘者提出需求的 5 d 内必须将托盘收回。 j_{01} 要求提出需求后 3 d 内必须把托盘送达。 j_{02} 要求提出需求后 5 d 内必须把托盘送达。

i_1 到 j_0^1 有 3 种可选径路：径路 m_1 ，公路（500 km），运输能力 14 000 片；径路 m_2 ，公路（5 km）—水路（900 km）—公路（5 km），运输能力 18 000 片；径路 m_3 ，公路（5 km）—铁路（700 km）—公路（10 km），运输能力 15 000 片。

i_1 到 j_0^2 的可选径路只有一种：径路 m_4 ，公路（350 km），运输能力 13 000 片。

i_2 到 j_0^1 有 3 种可选径路：径路 m_5 ，公路（800 km），运输能力 14 000 片；径路 m_6 ，水路（1100 km）—公路（10 km），运输能力 16 000 片；径路 m_7 ，铁路（1000 km）—公路（20 km），运输能力 15 000 片。

i_2 到 j_0^2 有 3 种可选径路：径路 m_8 ，公路（1000 km），运输能力 13 000 片；径路 m_9 ，水路（1400 km）—公路（10 km），运输能力 17 000 片；径路 m_{10} ，铁路（900 km）—公路（30 km），运输能力 16 000 片。

j_1^1 到 j_0^1 有两种可选径路：径路 n_1 ，公路（400 km），运输能力 14 000 片；径路 n_2 ，铁路（420 km）—公路（10 km），运输能力 15 000 片。

j_1^1 到 j_0^2 的可选径路只有一种：径路 n_3 ，公路（200 km），运输能力 14 000 片。

j_1^1 到 i_1 有两种可选径路：径路 o_1 ，铁路（300 km）—公路（10 km），运输能力 15 000 片；径路 o_2 ，公路（300 km），运输能力 140 000 片。

j_1^1 到 i_2 有两种可选径路：径路 o_3 ，铁路（220 km），运输能力 15 000 片；径路 o_4 ，公路（200 km），运输能力 16 000 片。

公路、铁路、水路的最小运输批量均分别为 100 片、2000 片和 3000 片。其他参数如表 5-1 至表 5-3 所示。

表 5-1　运输方式比较

运输方式	速度/（$km\cdot h^{-1}$）	成本/（元·km^{-1}·片$^{-1}$）	转运时间/（h·批$^{-1}$）	转换成本/（元·批$^{-1}$）
铁路	60	0.06	公铁转运 0.1；公水转运 0.2	公铁转运 100；公水转运 120
公路	70	0.37		
水路	25	0.03		

表 5-2　服务网点相关参数

网点	新进 p_1 型号托盘量/片（$t_1/t_2/t_3/t_4$）	新进 p_2 型号托盘量/片（$t_1/t_2/t_3/t_4$）	单位库存成本/元（p_1/p_2）
i_1	1000/1200/1300/1400	5000/3000/4000/5000	1/1
i_2	2000/2100/2200/2300	1000/1200/1300/1400	2/2

表 5-3　惩罚系数

服务站	1 d 内	1～2 d	2～3 d	3 d 以上
i_1	10	20	50	120
i_2	20	40	90	200
j_0^1	10	20	50	120
j_0^2	20	40	90	200

5.5.1　算法选择和求解结果

本书利用 IPSO 和 CPSO 两种改进的 PSO 算法对模型进行求解。算例中有 2 种托盘型号、8 种供需关系，决策周期为 4 期，故每个粒子应包含 $2\times8\times4=64$ 维（两点之间有多条运输径路且每条径路的单位运输成本均不同，因此可遍历两点之间的所有径路后寻出一条最优径路）。为了加快收敛速度，本例中将第 1 个粒子的初始位置设定为一个可行解[1400 1400 900 900 2400 1900 2400 900 1400 1400 900 900 2400 1900 2400 900 200 200 200 200 200 200 200 200 300 400 400 500 300 400 500 500 700 900 400 900 1400 900 1400 900 700 900 400 900 1400 900 1400 900 100 200 200 200 200 200 200 200 400 800 1300 800 300 800 1300 800]（4 个数值为一组分别表示 t_1、t_2、t_3、t_4 期运输托盘的数量；前 8 组表示运输 p_1 型号托盘，后 8 组表示运输 p_2 型号托盘；前后 8 组内部的顺序均依次为 i_1 到 j_0^1、i_1 到 j_0^2、i_2 到 j_0^1、

i_2到j_0^2、j_1^1到j_0^1、j_1^1到j_0^2、j_1^1到i_1、j_1^1到i_2。因此第一个数表示t_1期从i_1到j_0^1运输 1400 个p_1型号的托盘，其他依次类推）。

基于 Python 3.6（64 bit）编写程序，在戴尔 Vostro 3559（处理器英特尔 Core i5-6200U CPU @2.30 Ghz 2.40 Ghz，内存 4.00 GB，操作系统 Windows 10）环境下，两种算法分别迭代 100 次，并对计算结果进行对比。IPSO 得到的最优解为 6 994 125 元（粒子的最优位置为[1299 1579 840 905 2316 1817 2482 830 1451 1304 925 796 2323 1914 2295 950 250 117 235 299 361 269 223 220 257 634 724 769 132 180 118 112 675 890 312 843 1401 887 1410 907 681 817 398 985 1340 807 1488 993 144 293 290 172 259 306 102 100 597 1301 2491 1610 0 100 117 118]），CPSO 得到的最优解为 7 123 963 元（粒子的最优位置为[1402 1400 900 1100 2500 2000 2300 800 1300 1500 1000 800 2299 1800 2502 800 298 100 100 100 201 200 198 400 401 790 901 800 100 109 100 100 800 1000 300 1000 1500 800 1500 800 600 800 500 800 1300 1000 1307 800 100 200 200 200 200 200 194 400 700 1500 2307 1300 0 100 300 100]）。虽然 CPSO 的收敛速度明显比 IPSO 快，但却陷入了局部最优（IPSO 得到的调度总成本较 CPSO 降低了 1.82%），所以选择 IPSO 作为模型求解方法。表 5-4 至表 5-7 为根据 IPSO 算法得到的最优化调度方案。

表 5-4 第 1 期调度方案

	i_1	i_2	j_0^1	j_0^2	购买	毁坏/片	回收率/%
i_1	—	—	1299/675/m_1	2316/1401/m_4	2615/0	—	—
i_2	—	—	1451/681/m_7	2323/1340/m_{10}	1774/1021	—	—
j_1^1	257/597/o_2	132/0/o_3	250/144/n_2	361/259/n_3	—	100/500	100
需求满足率/%	—	—	100	100	—	—	—

注：·/·/·，依次表示p_1型号托盘数量（单位：片）/p_2型号托盘数量（单位：片）/运输径路；·/·，依次表示p_1型号托盘数量（单位：片）/p_2型号托盘数量（单位：片）。表 5-5 至表 5-7 亦是如此。

表 5-5 第 2 期调度方案

	i_1	i_2	j_0^1	j_0^2	购买	毁坏/片	回收率/%
i_1	—	—	1579/890/m_2	1817/887/m_4	1939/0	—	—
i_2	—	—	1304/817/m_5	1914/807/m_{10}	986/424	—	—
j_1^1	634/1301/o_1	180/100/o_3	117/293/n_2	269/306/n_3	—	120/1000	100
需求满足率/%	—	—	100	100	—	—	—

表 5-6 第 3 期调度方案

	i_1	i_2	j_0^1	j_0^2	购买	毁坏/片	回收率/%
i_1	—	—	840/312/m_3	2482/1410/m_4	1388/0	—	—
i_2	—	—	925/398/m_7	2295/1488/m_{10}	840/486	—	—
j_1^1	724/2491/o_1	118/117/o_3	235/290/n_2	223/102/n_3	—	130/1500	100
需求满足率/%	—	—	100	100	—	—	—

表 5-7 第 4 期调度方案

	i_1	i_2	j_0^1	j_0^2	购买	毁坏/片	回收率/%
i_1	—	—	905/843/m_2	830/907/m_4	0/0	—	—
i_2	—	—	796/985/m_7	950/993/m_{10}	0/461	—	—
j_1^1	769/1610/o_1	112/118/o_3	299/172/n_2	220/100/n_3	—	140/1000	100
需求满足率/%	—	—	100	100	—	—	—

为了证明本章提出模型的有效性，进一步计算了仅采用公路运输时的

最优调度方案(其他条件不变,仅将两点间的运输径路设为只有公路运输,如 i_1 到 j_{01} 仅有径路 m_1)，结果显示调度总成本为 22 655 607 元。采用多式联运调度托盘较采用公路运输调度托盘总成本降低了 69.1%。

5.5.2　敏感性分析

保持其他条件不变，将算例中 j_{01} 的期望满足时间分别设置为 2、3、4、5、6 d，求解模型。结果如图 5-2 所示。然后，将 j_{02} 的期望满足时间分别设置为 4、5、6、7、8 d，求解模型。

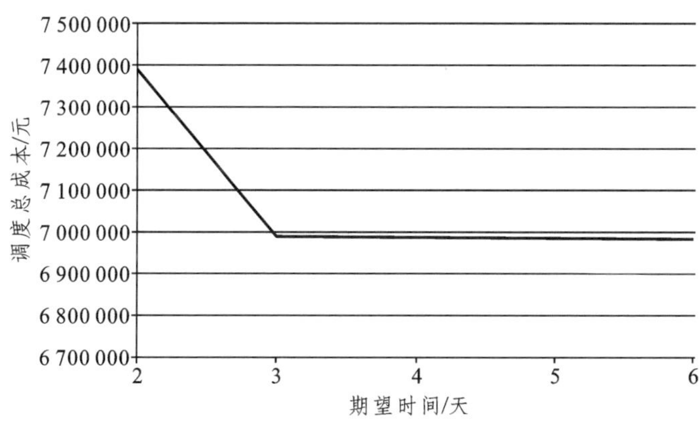

图 5-2　j_{01} 期望满足时间对调度决策的影响

图 5-2 显示，随着 j_{01} 期望满足时间的延长，调度总成本呈先降低、后保持不变的趋势。分析最优调度方案后发现，这是因为当期望满足时间延长时，最优调度方案中逐步选择速度较慢、但成本较低的径路，因此调度总成本逐渐降低；但当期望满足时间比最慢的径路运达的时间还长时，调度方案中依然只能选择最慢的那种运输径路，因此调度总成本保持不变。j_{02} 的期望满足时间对决策的影响与 j_{01} 一致。由此可见，客户的期望满足时间直接影响托盘调度决策，期望时间越长，则多式联运的优势就越明显。

(1) 转运时间对决策的影响。

保持其他条件不变，将算例中公铁转运时间由原来的 0.1 h/批，增加到 0.12、0.14、0.16 h/批，求解模型，结果如图 5-3 所示。进一步，将算例中公水转运时间由原来的 0.2 h/批，增加到 0.3、0.4、0.5 h/批，求解模型。

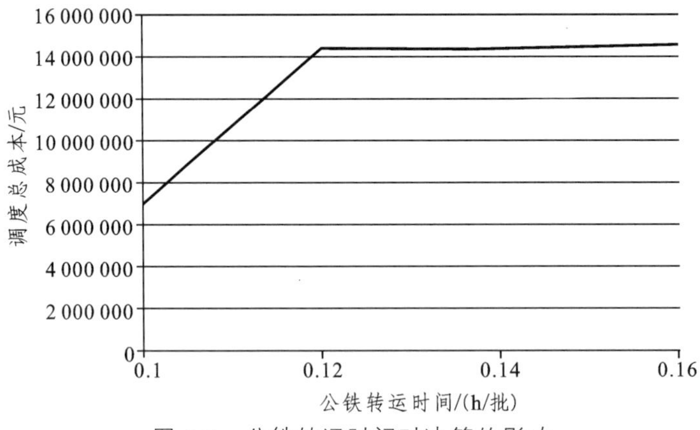

图 5-3 公铁转运时间对决策的影响

由图 5-3 可知，当公铁转运时间逐渐增加时，调度总成本呈先升高、后保持不变的趋势。分析最优调度方案后发现，这是因为随着公铁转运时间逐渐增加，最优调度方案中逐渐选择转运时间较短的公水联运和不需转运的公路，而不再选择公铁联运。公水转运时间对决策的影响与公铁转运时间对决策的影响一致。因此转运时间直接影响托盘调度决策，转运时间越短，则多式联运的优势就越明显。

（2）转运成本对决策的影响。

保持其他条件不变，将算例中公铁转运成本由原来的 100 元/批，增加到 110、120、130 元/批，求解模型，结果如图 5-4 所示。进一步，将算例中公水转运成本由原来的 120 元/批，增加到 130、140、150 元/批，求解模型。

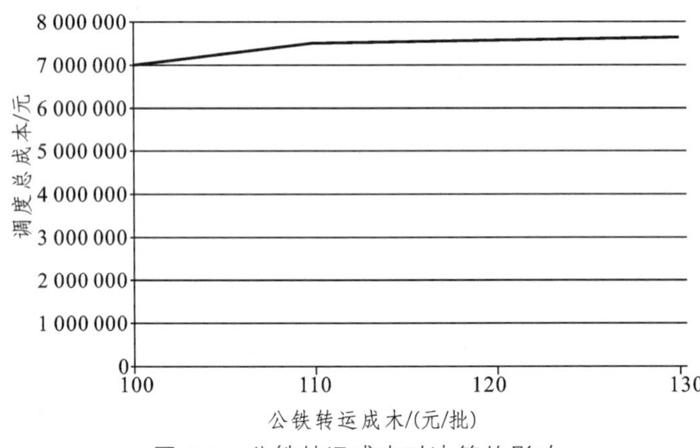

图 5-4 公铁转运成本对决策的影响

由图 5-4 可知，当公铁转运成本逐渐提高时，调度总成本呈先升高、后保持不变的趋势。分析最优调度方案后发现，这是因为随着公铁转运成本逐渐提高，最优调度方案中逐渐选择转运成本较低的公水联运和不需转运的公路，而不再选择公铁联运。公水转运成本对决策的影响与公铁转运成本对决策的影响一致。因此转运成本直接影响托盘调度决策，转运成本越低，则多式联运的优势就越明显。

5.6 本章小结

本章提出了多式联运网络中的托盘调度模型，并设计了两种改进的 PSO 算法求解模型。研究发现：① 应用多式联运网络中的托盘调度模型能获得更经济的调度方案，算例显示成本较采用单一的公路运输降低了 69.1%；② IPSO 获得的最优方案较 CPSO 更好，IPSO 得到的调度总成本较 CPSO 降低了 1.82%；③ 客户的期望满足时间越宽松时，采用多式联运的方式调度托盘越能节约调度成本；④ 转运时间直接影响托盘调度决策，转运时间越短，则多式联运的优势就越明显；⑤ 转运成本直接影响托盘调度决策，转运成本越低，则多式联运的优势就越明显。政府应针对多式联运出台优惠政策，鼓励多式联运的发展，这有利于我国经济社会的可持续发展。采取多式联运调度托盘能够显著降低运输成本，但也会导致运输时间增加，并产生额外的转运时间和转运成本。政府相关部门应加强多式联运基础设施建设，为多式联运的发展扫清障碍；多式联运运营单位应积极采用先进的技术手段和作业方法，提高转运效率。托盘共用系统管理者应利用本书提供的方法，合理衡量调度成本和调度时间，在条件允许的情况下尽可能利用多式联运进行托盘调度，这能显著降低托盘共用系统的成本。

第 6 章　城市共同配送系统中的托盘调度优化方法

第 5 章研究了多式联运网络中的托盘调度优化问题，构建了混合整数非线性规划模型，设计了带惯性因子的粒子群算法和带压缩因子的粒子群算法。本章研究一个多服务站、多周期、多托盘型号的城市共同配送系统中的托盘调度优化问题。在该问题中，托盘可在供应链中循环使用，城市共同配送中的托盘共用系统管理者需在各服务站拥有的托盘数量库存能力、运输能力、客户需求量等一系列因素尚不确定的情况下做出调度决策。在对城市共同配送系统中托盘调度流程进行分析的基础上，采用随机机会约束规划方法构建了城市共同配送系统中的托盘调度随机规划模型，模型的目标函数为总调度成本最小，约束条件包括需求约束、供给约束、运输能力约束、库存能力约束等。基于 Lingo 软件编写求解模型的程序，并通过算例验证模型的有效性。采用数值分析的方法，研究交通拥堵对期望调度总成本的影响，发现最低期望调度总成本与关键线路的交通拥堵情况呈正相关关系。根据研究结果，对城市共同配送系统中的托盘共用系统管理者提出了三点建议：一是应加强信息化建设，实现供应链可视化管理，降低各类因素的不确定性，提高决策水平。二是应在规划服务站时就充分考虑周边线路的交通情况，尽可能将服务站避开交通拥堵路段。三是在运营过程中，应密切关注交通情况，科学分析交通拥堵规律，在满足客户时间要求的前提下，尽量避开高峰时段运输托盘。

6.1　城市共同配送系统中的托盘调度问题描述

由商务部、财政部联合推行的城市共同配送项目正受到越来越多的关注。所谓城市共同配送是指外来商品进入一个城市后，经过同城化统一配送送达用户手中，它是解决物流“最后一公里”问题的有效途径。城市共同配送是一个复杂的系统，需要以托盘为基础，实现物品包装的单元化、规范化和标准化。

托盘调度问题是关系托盘共用系统成败的最重要问题。Brindley 对 CHEP、iGPS 等托盘共用企业调研发现，调度问题是所有这些企业都未解决的难题[33]。Mosqueda 认为托盘共用系统调度方案非常重要[24]。然而长期以来学术界未给予该问题足够的重视，研究文献非常少。LeBlanc[28] 和 Brindley[33]分别对加拿大最大的托盘共用系统 CPC 和美国 PECO 公司进行了调研，两个公司的高层领导人均认为毁坏率是影响托盘调度效率的最主要因素。Roy 等基于成本关系模型与行业收集的数据，构建了一个两阶段模型[22]。周康等基于铁路托盘共用系统构建了空盘调度模型，模型考虑了调运时间约束[67]。紧接着，他们又去除了铁路托盘共用系统这一限制，将模型扩展到了普通的托盘共用系统，构建了调度优化模型[37]。Zhou 则设计了一套克隆免疫算法求解托盘共用调度模型，较传统的遗传算法更加有效[55]。Ni 等基于托盘生命周期的分析，建立了考虑生产、分派、再分派、回收、维修等托盘全生命周期的调度模型[35]。Doungpattra 等针对宠物食品行业的托盘调度问题进行了研究，构建了以成本最小为目标的调度优化模型[34]。任建伟等研究了极端不确定条件下的托盘共用调度问题[68]。目前尚没有文献对城市共同配送系统中的托盘共用调度模型进行研究。

由于城市共同配送托盘共用系统涉及跨企业调度问题，面临着一系列不确定因素，而随机性是最普遍存在的一种不确定性，因此本章将研究当城市共同配送系统的决策者面临随机因素时如何制定最优的托盘调度方案。

城市共同配送系统中，托盘将主要服务于两种情景：一是托盘供城市共同配送中心各网点使用，此种情况下托盘的需求方是城市共同配送中心各网点，如图 6-1 所示。二是托盘在整个供应链中循环使用，此种情况下托盘的需求方不仅包括城市共同配送中心各网点，还有供应链中的零售商、批发商等，如图 6-2 所示。

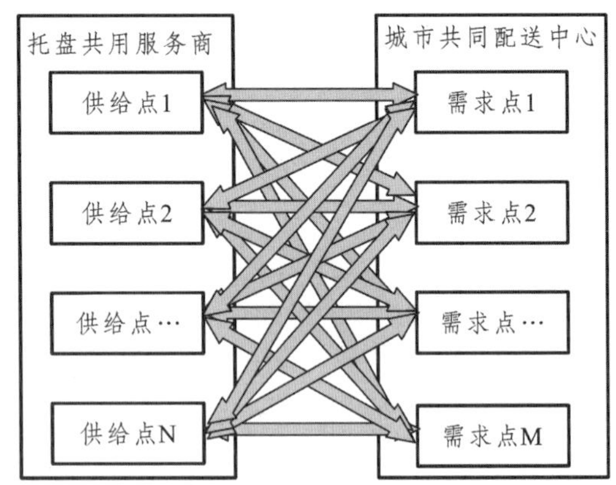

图 6-1 托盘供城市共同配送中心各网点使用

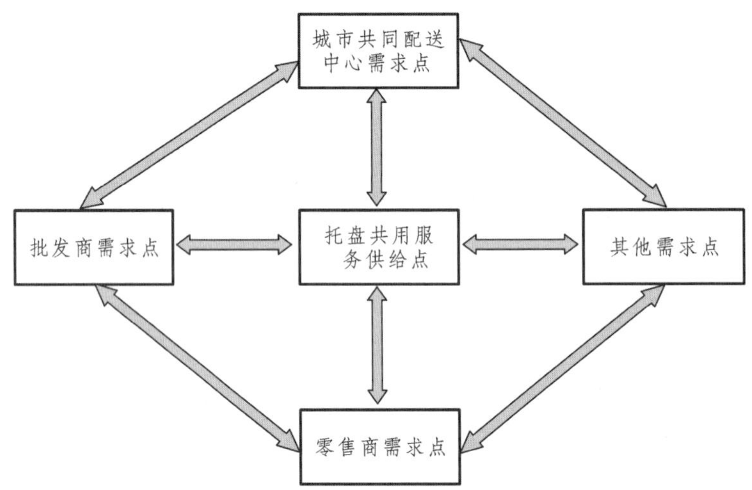

图 6-2 托盘在供应链中循环使用

一般来说，城市共同配送中心和托盘共用服务商是战略合作伙伴关系，因此当托盘仅供城市共同配送中心各网点使用时，管理者在决策时基本可以掌握所需的数据，此种情况较为简单。但当托盘在整个供应链中循环使用时，由于涉及多级用户，管理者在决策时面临的情况非常复杂，有些因素是确定的（如自身的装卸能力），而有些因素则是随机的（如季节性等因素导致的供给、需求、库存随机；交通事故等因素导致的运输能力随机）。

6.2　城市共同配送系统中的托盘调度模型构建和求解

本章将对托盘在整个供应链中循环使用的情况进行研究，调度流程如图 6-3 所示。城市共同配送托盘共用服务商通过其托盘服务站就近向需求者提供托盘共用服务，并在托盘服务站之间通过统一调度实现托盘的最优化配备。为构建模型，做出如下假设。

（1）城市共同配送系统中的托盘有很多种，且只能用客户指定型号的托盘满足他的需求。因为托盘的型号不具备可替代性，如果用不同材质的托盘进行替代也基本不可行（如果用价值高的托盘替代价值低的托盘，如塑料托盘替代木托盘，服务商一般不会接受；反之，客户不会接受），因此本书不考虑托盘的替代。

（2）所有客户的需求都应该被满足，如若系统内可使用的空托盘不能满足需求，服务站可以向系统外购买或租借托盘。

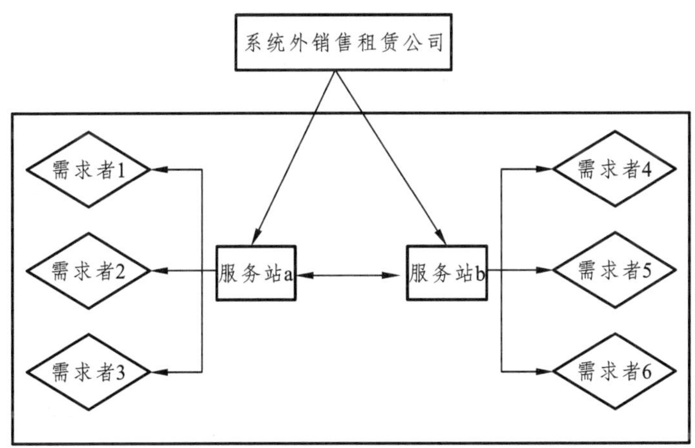

图 6-3　标准城市共同配送系统中的托盘调度流程

（3）城市共同配送系统中，各托盘服务站拥有托盘的数量和最大库存能力、服务站间的最大运输能力、客户的需求数量等均存在部分确定和部分随机的情况（如若实践中决策者面临的是较为理想的情况，不存在随机因素，则只需将随机因素的值设为 0 即可）[69]。

（4）单位托盘所需的购买（租借）成本、库存成本、运输成本均已知。

（5）单位托盘所需的库存能力和运输能力均已经过严格测量确定，服务站间的运输时间也已确定。

（1）标量。

I 代表托盘服务站的集合。T 代表运营周期的集合。P 代表托盘型号的集合。

（2）决策变量。

X_{ijp}^{t} 代表在 t 期从服务站 i 运到服务站 j 的 p 种型号托盘的数量。Y_{ip}^{t} 代表在 t 期服务站 i 用来满足需求的 p 种型号托盘的数量。H_{ip}^{t} 代表 t 期服务站 i 因可供给托盘不足而必须购买（租借）的托盘数。

（3）参数。

C_{ijp} 代表将一个 p 种型号托盘从服务站 i 运到 j 的费用。C_{hp} 代表 p 种型号托盘的单位购买（租借）费用。C_{Kip} 代表一个 p 种型号托盘在服务站 i 的库存费用。S_{ip}^{t} 是 t 期新进入服务站 i 的 p 种型号托盘的确定数量。α_{ip}^{t} 代表 t 期服务站 i 新进的 p 种型号托盘的随机数量。D_{ip}^{t} 是 t 期服务站 i 对 p 种型号托盘的确定需求量（该需求量是其服务的所有客户确定需求量的总和）。β_{ip}^{t} 代表 t 期 i 的 p 种型号托盘的随机需求量（该需求量是其根据历史数据估计的所有客户的随机需求量的总和）。K_{ip}^{t} 是服务站 i 在 t 期末剩余的 p 种型号托盘的数量。K_{0i}^{t} 和 κ_{0i}^{t} 分别代表服务站 i 在 t 期的确定库存能力和随机库存能力。$\Re_{ij}^{t}$ 和 γ_{ij}^{t} 分别代表 i 和 j 两个服务站之间在 t 期的确定运输能力和随机运输能力。$\Im_{p}$ 是 p 种型号托盘的耗用运输能力系数。υ_{p} 代表 p 种型号托盘的耗用库存系数。δ 是置信水平。

为了解决本问题，采用随机机会约束规划的方法构建模型[70]。因为本书不涉及定价问题，因此模型以调度总成本最小为目标函数，如式（6-1）所示。对巴运集团、集托网等 10 多家相关企业管理者的调研发现，城市共同配送系统中的托盘调度问题中，最主要的 3 个成本是运输成本、购买（租借）成本和库存成本，因此模型考虑这 3 个成本。目标函数中的第一部分为运输成本，第二部分为购买（租借）成本，第三部分为库存成本。

$$\min f=\sum_{t\in T}\sum_{i\in I}\sum_{j\in I-\{i\}}\sum_{p\in P}C_{ijp}X_{ijp}^{t}+\sum_{t\in T}\sum_{i\in I}\sum_{p\in P}C_{hp}H_{ip}^{t}+$$
$$\sum_{t\in T}\sum_{i\in I}\sum_{p\in P}C_{Kip}K_{ip}^{t} \tag{6-1}$$

根据管理者的分析，城市共同配送系统中的托盘调度优化模型应考虑需求约束、供给约束、运输能力约束和库存能力约束，如式（6-2）~（6-7）所示。

约束条件式（6-2）表示所有客户的所有型号托盘的确定和随机需求都应该被满足。

$$\Pr\left\{Y_{ip}^{t}-D_{ip}^{t}\geqslant\beta_{ip}^{t}\right\}\geqslant\delta_{ip}^{t}\quad\forall i\in I,t\in T,p\in P \tag{6-2}$$

约束条件式（6-3）表示 Y_{ip}^{t} 不能超过服务站 $i\in I$ 在 $t\in T$ 时所能够使用的 $p\in P$ 种型号托盘的数量。该数量等于上期末服务站 $i\in I$ 的库存+服务站 $i\in I$ 在 $t\in T$ 时确定新进的托盘量+服务站 $i\in I$ 在 $t\in T$ 时随机新进的托盘量+从其他服务站运来的在 $t\in T$ 时到达服务站 $i\in I$ 的托盘数量+服务站 $i\in I$ 在 $t\in T$ 时从系统外购买或租借的托盘量−服务站 $i\in I$ 在 $t\in T$ 时再分派到其他服务站的托盘数量。

$$\Pr\left\{\sum_{j\in I-\{i\}}X_{ijp}^{t}+Y_{ip}^{t}-K_{ip}^{t-1}-S_{ip}^{t}-\sum_{j\in I-\{i\},\hbar_{ji}<t}f_{jip}^{t-\hbar_{ji}}-H_{ip}^{t}\leqslant\alpha_{ip}^{t}\right\}\geqslant\delta_{ip}^{t\prime}$$
$$\forall i\in I,t\in T,p\in P \tag{6-3}$$

约束条件式（6-4）表示服务站 $i\in I$ 在 $t\in T$ 期末的库存。服务站 $i\in I$ 在 $t\in T$ 时的库存=上期末服务站 $i\in I$ 的库存+服务站 $i\in I$ 在 $t\in T$ 时确定新进的托盘量+服务站 $i\in I$ 在 $t\in T$ 时随机新进的托盘量+从其他服务站运来的在 $t\in T$ 时到达服务站 $i\in I$ 的托盘数量+服务站 $i\in I$ 在 $t\in T$ 时从系统外购买或租借的托盘量-服务站 $i\in I$ 在 $t\in T$ 时再分派到其它服务站的托盘数量−t 期服务站 $i\in I$ 用来满足需求的托盘的数量。

$$K_{ip}^{t}=K_{ip}^{t-1}+S_{ip}^{t}+\alpha_{ip}^{t}+\sum_{j\in I-\{i\},\hbar_{ji}<t}f_{jip}^{t-\hbar_{ji}}+H_{ip}^{t}-\sum_{j\in I-\{i\}}X_{ijp}^{t}-Y_{ip}^{t}$$
$$\forall i\in I,t\in T,p\in P \tag{6-4}$$

约束条件式（6-5）表示服务站 $i\in I$ 在 $t\in T$ 期末的库存不能大于其库存能力。

$$\Pr\left\{\sum_{p\in P}\upsilon_p K_{ip}^t - K_{0i}^t \leqslant \kappa_{0i}^t\right\} \geqslant \delta_{0i}^t \quad \forall i\in I, t\in T, p\in P \qquad (6\text{-}5)$$

约束条件式（6-6）表示从服务站 $i\in I$ 到服务站 $j\in I-\{i\}$ 之间的运输能力约束。

$$\Pr\left\{\sum_{p\in P}\Im_p X_{ijp}^t - \Re_{ij}^t \leqslant \gamma_{ij}^t\right\} \geqslant \delta_{ij}^t \quad \forall i\in I, t\in T, j\in I-\{i\} \qquad (6\text{-}6)$$

约束条件式（6-7）表示决策变量必须为非负整数。

$$X_{ijp}^t, Y_{ip}^t, H_{ip}^t \geqslant 0\text{且取整数} \quad \forall i\in I, j\in I-\{i\}, t\in T, p\in P \qquad (6\text{-}7)$$

为便于求解模型，将机会约束式（6-2）~（6-6）转化为其确定等价形式，如式（6-8）~（6-11）所示：

$$Y_{ip}^t - D_{ip}^t \geqslant \varepsilon_{ip}^t \quad \forall i\in I, t\in T, p\in P \qquad (6\text{-}8)$$

$$\sum_{j\in I-\{i\}} X_{ijp}^t + Y_{ip}^t - K_{ip}^{t-1} - S_{ip}^t - \sum_{j\in I-\{i\},\hbar_{ji}<t} f_{jip}^{t-\hbar_{ji}} - H_{ip}^t \leqslant \eta_{ip}^{t\,\prime} \quad \forall i\in I, t\in T, p\in P \qquad (6\text{-}9)$$

$$\sum_{p\in P}\upsilon_p K_{ip}^t - K_{0i}^t \leqslant \eta_{0i}^t \quad \forall i\in I, t\in T, p\in P \qquad (6\text{-}10)$$

$$\sum_{p\in P}\Im_p X_{ijp}^t - \Re_{ij}^t \leqslant \eta_{ij}^t \quad \forall i\in I, t\in T, j\in I-\{i\} \qquad (6\text{-}11)$$

其中，$\phi^{-1}(1-\delta)$ 为对应约束条件中随机变量的分布函数的逆函数；$\eta=\sup\{(\eta\,|\,\eta=\phi^{-1}(1-\delta)\}$ 表示选择 $\phi^{-1}(1-\delta)$ 的最大值；$\varepsilon=\inf\{(\eta\,|\,\eta=\phi^{-1}(\delta)\}$ 表示选择 $\phi^{-1}(\delta)$ 的最小值。

6.3 城市共同配送系统中的托盘调度优化算例分析

6.3.1 算　例

假定某城市共同配送系统中有 6 个托盘共用服务站（ $a,b,c,d,e,f\in I$ ），

2 种型号的托盘（$p_1,p_2 \in P$），决策期为 4 期（$t=t_1$，t_2，t_3，t_4），系统中的托盘在整个供应链中循环使用。管理者在决策时仅有第三期面临的是随机情况。从系统外购买（租借）p_1 和 p_2 两种型号托盘的单位成本分别为 1 元和 1.1 元。各服务站的 p_1 和 p_2 型号的托盘在期初均没有库存。p_1 和 p_2 两种型号托盘耗用库存系数和耗用运输能力系数均分别为 1.1 和 1。p_1 和 p_2 两种型号托盘在所有服务站的库存成本均分别为 1 元、2 元、3 元、4 元、5 元、6 元。所有机会约束条件的置信水平均设为 0.95。其他参数如表 6-1 至表 6-6 所示。

表 6-1　运输成本

单位：元/个

p_1/p_2	a	b	c	d	e	f
a	—	—	3/5	4/5	5/7	6/7
b	—	—	∞/∞	2/3	4/5	5/7
c	3/5	∞/∞	—	—	7/8	8/8
d	4/5	2/3	—	—	2/4	1/1
e	5/7	4/5	7/8	2/4	—	—
f	6/7	5/7	8/8	∞/∞	—	—

表 6-2　t_1，t_2，t_4 期的运输能力

单位：个

	a	b	c	d	e	f
a	—	—	1000	1000	400	500
b	—	—	0	700	300	500
c	1000	0	—	—	400	700
d	1000	700	—	—	250	0
e	400	300	400	250	—	—
f	500	500	700	0	—	—

表 6-3 t_3 期的运输能力

单位：个

	a	b	c	d	e	f
a	—	—	1000/ *N* (10,4)	1000/ *N* (10,9)	400/ *N* (20,9)	500
b	—	—	0	700/N(20,9)	300	500/ *N* (10,4)
c	1000/ *N*(10,4)	0	—	—	400/ *N* (10,9)	700
d	1000/ *N* (10,9)	700/ *N* (20,9)	—	—	250/ *N* (20,4)	0
e	400/ *N* (20,9)	300	400/ *N* (10,9)	250/ *N* (20,4)	—	—
f	500	500/ *N* (10,4)	700	0	—	—

表 6-4 供给和需求

单位：个

	p_1（$t_1/t_2/t_3/t_4$）	p_2（$t_1/t_2/t_3/t_4$）
a	95/100/(105/*N*(10,9))/—	45/50/(55/ *N*(20,9))/—
b	150/200/200/—	90/100/110/—
c	100/200/300/—	100/200/300/—
d	400/400/(400/ *N*(10,4))/—	100/100/(100/*N*(20,4))/—
e	— /−100/−200/−300	— /0/−100/−200
f	— /−200/(−400/*N*(20,9))/ −600	— /0/−200/−400

注：负数表示需求。

表 6-5 作业时间

单位：天

	a	b	c	d	e	f
a	—	—	1	2	1	2
b	—	—	∞	1	2	1
c	1	∞	—	—	2	1
d	2	1	—	—	1	1
e	1	2	2	1	—	—
f	2	1	1	∞	—	—

表 6-6　库存能力

单位：个

	$t_1/t_2/t_3/t_4$
a	2000/2000/ (2000/ $N(10,9)$)/2000
b	1800/1800/(1800/ $N(10,4)$)/1800
c	2000/2000/2000/2000
d	1800/1800/1800/2000
e	2000/2000/2000/2000
f	2000/2000/2000/2000

利用 Lingo 软件编写程序求解模型，得到全局最优解 14 274，最优调度方案如图 6-4 所示。结果表明，该问题的最低期望调度成本为 14 274 元，无须向系统外购买和租赁托盘，所有客户的期望需求均得到了满足。

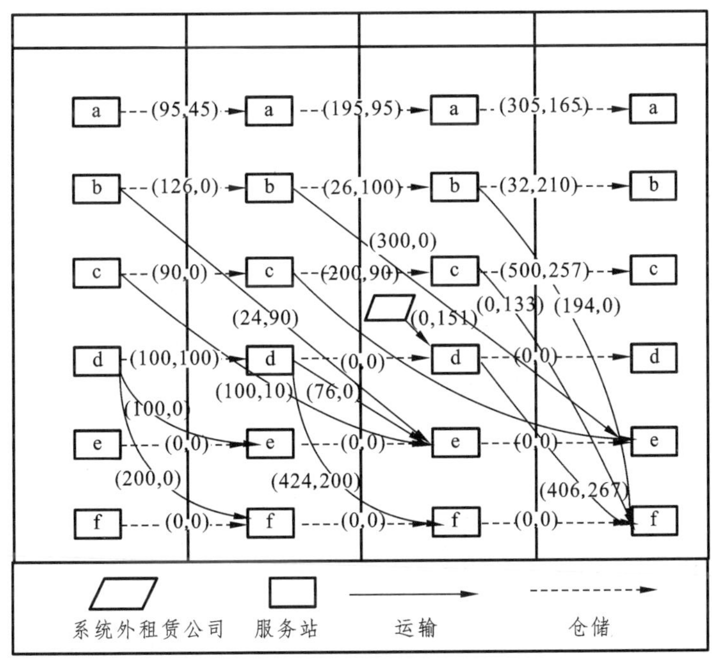

图 6-4　最优调度方案

进一步研究表明，置信水平的设置对模型解的影响较大，城市配送系统管理者应根据实际情况合理地设置置信水平，提高模型解的精确性。事实上，如果托盘共用系统管理者如果能够采用信息化的手段加强信息管理（如构建 RFID 监控系统），实现供应链的可视化（即通过信息化的手段实现与供应链中的零售商、批发商等客户的信息互联互通），则可更精确地设置置信水平，甚至降低各因素的不确定性，从而提高决策水平。

6.3.2 分　析

影响城市物流效率的一个重要因素是“交通拥堵”。交通拥堵的“随机性”会导致运输能力随机，因此模型中将“运输能力”设置为随机变量。模型假设运输能力的分布函数已知，但有些情况下这一假设未必成立，管理者可能只能估计一个发生拥堵的概率。这种情况下可以将约束条件式（6-6）变更为式（6-12），同时增加约束条件式（6-13）。

$$\sum_{p\in P}\Im_p X_{ijp}^t \leqslant (1-\alpha_{ij}^t)\Re_{ij}^t \quad \forall i\in I, t\in T, j\in I-\{i\} \tag{6-12}$$

$$0\leqslant \alpha_{ij}^t \leqslant 1 \quad \forall i\in I, t\in T, j\in I-\{i\} \tag{6-13}$$

其中 α_{ij}^t 为拥堵因子。当 α_{ij}^t 等于 1 时，$(1-\alpha_{ij}^t)\Re_{ij}^t$ 等于 0，表示 t 期从服务站 i 到服务站 j 的运输线路发生最严重拥堵，通行能力为 0。当 α_{ij}^t 等于 0 时，$(1-\alpha_{ij}^t)\Re_{ij}^t$ 等于 $\Re_{ij}^t$，表示 t 期从服务站 i 到服务站 j 的运输线路畅通，通行能力达到最大可能通行能力。

为了进一步分析交通拥堵对城市共同配送系统中托盘调度决策的影响，在其他条件不变的情况下，将第 3 期服务站间的运输线路交通拥堵因子分别设置为[0 0.1 0.2 0.3 0.4 0.5 0.6 0.7 0.8 0.9 1]，求解模型。结果如图 6-5 所示。

由图 6-5 可知，除 a 到 e、a 到 f 、c 到 f 和 d 到 e 外，其他服务站间的运输线路交通拥堵因子从小到大变化时，最低期望调度成本亦普遍逐步变大。其中 b 到 e 交通拥堵因子为 1 时，期望调度成本为 14 792 元；b 到 f 交通拥堵因子为 1 时，期望调度成本为 14 619 元；c 到 e 交通拥堵因子为 1 时，期望调度成本为 14 575 元；d 到 f 交通拥堵因子为 1 时，期望调度成本为 22 500 元。进一步分析可知，a 到 e、a 到 f 、c 到 f 和 d 到 e 的调度成本之所以不受交通拥堵因子变化的影响，是因为在最优方案中，第 3

期这些服务站间无需调度托盘。因此可以得出结论：最低期望调度总成本与关键线路的交通拥堵情况呈正相关关系。管理者在规划服务站时就应充分考虑周边线路的交通情况，尽可能将服务站避开交通拥堵路段；在运营过程中，应密切关注交通情况，用科学的方法分析交通拥堵规律，在满足客户时间要求的前提下，尽可能避开高峰时段运输托盘。

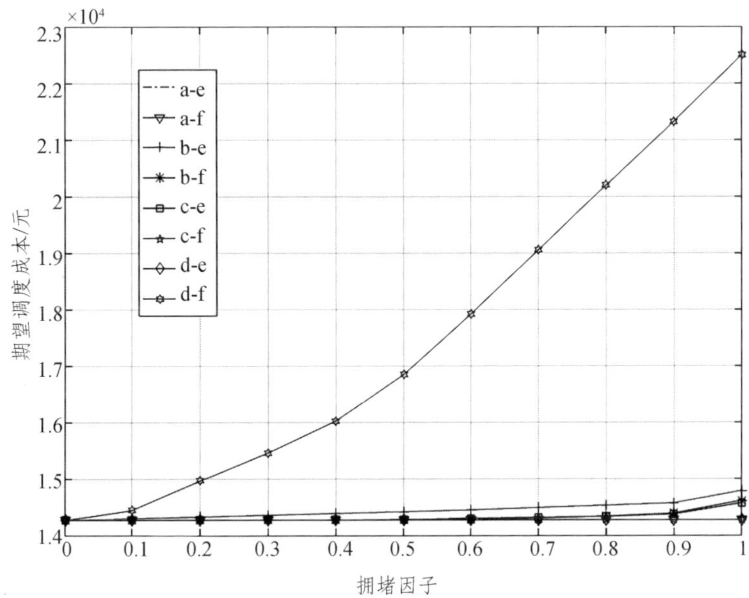

图 6-5　拥堵因子与期望调度成本的关系

6.4　本章小结

本章研究了一个城市共同配送系统中的托盘调度问题，在该系统中有多个托盘服务站、多种托盘型号，决策者面临的是存在诸多随机因素的多周期决策问题。采用随机机会约束规划的方法构建了基于城市共同配送系统的托盘调度最优化模型，并用算例证明该模型能帮助决策者制定出科学的决策方案。通过分析交通拥堵对期望调度成本的影响，得出结论：最低期望调度成本与关键线路的交通拥堵情况呈正相关关系。

没有托盘共用系统的支撑，城市共同配送将难以有效开展，具体表现为：供应链各环节之间无法实现全程托盘一贯化作业；无法避免货物交割环节上反复倒换托盘的现象，增加无效劳动；频繁装卸导致商品损耗增加，提高货损成本；为避免商品损耗，须加强产品包装强度，提高包装成本；低效的物流活动导致交通拥堵、环境污染。

第 7 章　可复用物流资源调度优化方法

第 6 章聚焦于城市共同配送系统中的托盘调度优化问题，采用随机机会约束规划方法构建了城市共同配送系统中的托盘调度随机规划模型，基于 Lingo 软件编写了求解模型的程序，并通过算例验证了模型的有效性。

本章将把研究视角从单一的托盘调度优化问题拓展至多种可复用物流资源（包括集装箱、托盘、周转箱等）的调度优化。为解决“未来信息不可预知”情况下的同时调度多种类型、多种型号可复用物流资源问题，本章在分析可复用物流资源特征和调度流程的基础上，采用情景规划方法构建可复用物流资源调度多情景规划模型。模型中同时考虑资源可替代和不可替代两种情况，并将客户对资源的需求量、待回收资源的数量等因素分成了确定和极端不确定两部分。算例分析结果证明应用本模型可获得较为满意的需求满足率和回收满足率，同时通过与确定模型的比较，还证明多情景规划模型比确定模型的期望总成本可分别降低 1.7%和 5.7%。基于研究成果提供了构建中欧班列可复用物流资源共用系统的方案。

7.1　可复用物流资源调度问题描述

可复用物流资源调度系统是一个复杂的巨系统。目前对于这类调度优化问题的研究均假定管理者可以获得所有必需的信息[71]，但是现实中这一假设并不一定成立。比如，对于“需求”这一因素，管理者可以获得签有合同或协议的客户在约定范围内的需求信息，但对于其他需求却可能无法提前预知。再比如，对于“运输能力”这一因素，在正常情况下，管理者可以较为准确地获得每条线路的运输能力信息，但是一旦有交通意外、地震、泥石流等影响运输能力的特殊情况发生，则这一信息也将变得不可预知。事实上，目前集保和 iGPS 等可复用物流资源共用服务提供商都因“未来信息不可预知”（根据文献[72]称其为“极端不确定”）影响造成了管理困难和经济损失。目前有关可复用物流资源调度的研究文献大多以单一类型资源为研究对象，如周康等[36]、Ni 等[35]、Zhou 等[37]研究了托盘调度问题，Choong 等[73]、Francesco 等[74]、Zheng[75]研究了集装箱调度问题，蔡文学等[76]研究了拖车调度问题。但目前我国在建的西部可复用物流资源共用系统（致力于集装箱、托盘、挂车等的共用）、集托网（致力于集装箱和托盘的共用，目前仅有托盘共用业务）、东方驿站（致力于挂车和集装箱等的共用）等可复用物流资源系统内都将有多种类型的资源，且每种类型资源有多种型号。现有的研究成果不能满足此类可复用物流资源共用系统调度优化的需要。因此，本章将针对极端不确定情况下的，同时调度多种类型、多种型号可复用物流资源调度优化问题进行研究。就我们所知，目前尚无此类研究文献。

一个典型的基于共用系统的可复用物流资源调度流程如下：

（1）地区 A 的发货方从调度中心租用可复用物流资源，并装载货物运送到地区 B 的收货方。

（2）若收货方需要资源且该资源完好无损，可将货物从资源上卸载后，直接租用该资源；对于需要维修的资源或者没有转租出去的资源，则需送回 B 地区调度中心。事实上，该完好无损的资源亦可被转租给其他所有需要资源的客户。

（3）不再被继续租用的资源将被送回调度中心存放，以备再次被租用。本书研究的即是基于这种运作模式的一个可复用物流资源调度系统。参与该系统的不仅有调度中央和各地区调度中心，而且有分布在所有营业范围内的各个客户，甚至是营业范围以外的客户（需要收取额外费用）。各客户在系统中扮演的角色也是不断变化的，有时候他们需要资源，有时候他们又有富足的资源需要被回收。由于共用系统面临的环境复杂，因此在构建可复用物流资源调度优化模型时，需要考虑各种极端不确定因素。情景规划是通过构建一些典型情景来分析不确定未来的方法，特别适用于应对极端不确定性环境[72]。因此本书将利用这一方法构建模型。

7.2　可复用物流资源调度问题优化模型构建

考虑多种类型的可复用物流资源，且每种类型资源有多种型号（如 20 英尺集装箱、40 英尺集装箱、1.2 m×1.0 m 托盘、1.0 m×1.0 m 托盘等，其中集装箱是类型、20 英尺是型号）。当客户对可复用资源的类型和型号没有特别要求时（即客户允许使用别的可替代资源来满足其对某种资源的需要，以下简称“非特定资源”。所谓可替代资源是指从特性上来说可以互相替代的资源，如箱式托盘可以用周转箱替代，它们就互为对方的可替代资源），可使用其他资源满足客户需要，且各类型各型号资源的替换规则是已知的。当客户指定了资源的类型和型号时，调度中心则不能用其他类型和型号的资源满足需求。假定决策者已知客户对可复用资源的类型和型号的要求。如若可供给资源不能满足需求，调度中心可从系统外购买或租借资源来满足需求，且没有数量限制。

将客户的需求分为确定需求和极端不确定需求。确定的需求是源于可提前预知的需求（如相关的协议或合约约定的需求或客户已提前告知的需求）；而极端不确定的需求是源于无法提前预知的需求（新客户的需求或者老客户突然提出的新需求）。调度中心必须满足客户的确定需求。对于极端不确定的需求，调度中心根据实际情况可以不满足或过量满足。如果没有满足需求，则须付出一个较大的惩罚成本，因为可能会失去客户；如果过量满足需求，也须付出一个较小的惩罚成本。将客户处待回收的资源也分为确定和极端不确定两部分。调度中心必须满足客户的确定资源回收请求。而对于极端不确定的待回收资源，调度中心支付惩罚成本后可以不收回。

为了让模型能满足各种复杂情况的需要，假设库存能力、装卸能力、可供给量、待回收资源的毁坏率、每条线路的运输能力等均极端不确定。如若实际运营中某个因素是确定的，只需将该因素在各类情景下的取值设置为相同即可。

（1）集合。

I, J 和 O 分别代表调度中心、需要资源的客户、有资源待回收的客户的集合。P代表资源类别的集合。L代表资源型号的集合。S代表情景的集合。

（2）决策变量。

$X_{siop\ell}$、$X_{sjip\ell}$、$X_{sjop\ell}$分别代表$s\in S$发生时，从$i\in I$运到$o\in O$的、从$j\in J$运到$i\in I$的，以及从$j\in J$运到$o\in O$的$p\in P$类$\ell\in L$型号资源的数量。$Y_{siop\ell}$和$Y_{sjop\ell}$分别代表$s\in S$发生时，从$i\in I$运到$o\in O$和从$j\in J$运到$o\in O$的$p\in P$类$\ell\in L$型号资源的数量，这些资源用于满足客户对非特定资源的需求。$H_{sip\ell}$代表$s\in S$发生时$i\in I$购买（租借）的$p\in P$类$\ell\in L$型号资源的数量。

（3）其他参数。

$T_{ip\ell}$代表$i\in I$的$p\in P$类$\ell\in L$型号资源的确定可供给量，$G_{sip\ell}$代表$s\in S$发生时的极端不确定可供给量。$T_{jp\ell}$代表$j\in J$待回收的$p\in P$类$\ell\in L$型号资源的确定数量，$G_{sjp\ell}$代表$s\in S$发生时的极端不确定数量，$\tau_{sjp\ell}$（$0\leqslant\tau_{sjpl}\leqslant 1$）是资源毁坏率。$R_{op\ell}$代表$o\in O$对$p\in P$类$\ell\in L$型号资源的确定需求量，$D_{sop\ell}$代表$s\in S$发生时$o\in O$对$p\in P$类$\ell\in L$型号资源的极端不确定需求量。$R_o$代表$o\in O$对非特定资源的确定需求量，$D_{so}$代表$s\in S$发生时$o\in O$对非特定资源的极端不确定需求量。

$C_{iop\ell}$，$C_{jop\ell}$，$C_{jip\ell}$分别表示将$p\in P$类$\ell\in L$型号资源从$i\in I$运到$o\in O$，从$j\in J$运到$o\in O$，和从$j\in J$运到$i\in I$的单位运输成本。$C_{p\ell}$代表$p\in P$类$\ell\in L$型号资源的单位购买（租借）成本。$\Lambda_{op\ell}$和$M_{op\ell}$分别表示$o\in O$对$p\in P$类$\ell\in L$型号资源的需求被过量满足和未被满足的单位惩罚成本。Λ_o和M_o分别表示$o\in O$对非特定资源的需求被过量满足和未被满足的单位惩罚成本。$U_{ip\ell}$，$U_{jp\ell}$，$U_{op\ell}$分别代表$i\in I$，$j\in J$，$o\in O$装卸$p\in P$类$\ell\in L$型号资源的单位装卸成本。

w_s代表分配给$s\in S$的权重。$\lambda_{op\ell}$代表一个$p\in P$类$\ell\in L$型号资源可替代的$o\in O$对非特定资源的需求的数量。$v_{p\ell}$，$\psi_{p\ell}$，$\zeta_{p\ell}$分别代表单位$p\in P$类$\ell\in L$型号资源占用的库存能力、运输能力和装卸能力。

K_{si}代表$s\in S$发生时$i\in I$的极端不确定库存能力。A_{sio}，A_{sjo}，A_{sji}分别代表$s\in S$发生时从$i\in I$到$o\in O$，从$j\in J$到$o\in O$，以及从$j\in J$到$i\in I$的极端不确定运输能力。N_{si}，N_{sj}，N_{so}分别代表$s\in S$发生时$i\in I$，$j\in J$，$o\in O$的极端不确定装卸能力。

$K_{sip\ell}$代表$s\in S$发生时期末$i\in I$的$p\in P$类$\ell\in L$型号资源的库存量，

$C_{ip\ell}$ 为单位库存成本。

$K_{sjp\ell}$ 代表 $s \in S$ 发生时期末 $j \in J$ 未被回收的 $p \in P$ 类 $\ell \in L$ 型号资源的数量，$C_{jp\ell}$ 为单位惩罚成本。

$K_{sop\ell}$ 代表 $s \in S$ 发生时期末 $o \in O$ 对 $p \in P$ 类 $\ell \in L$ 型号资源需求的满足情况，$C_{sop\ell}$ 为单位惩罚成本，$C_{sop\ell}$ 的值是 $\Lambda_{op\ell}$ 或 $M_{op\ell}$。K_{so} 代表 $s \in S$ 发生时期末 $o \in O$ 对非特定资源的需求的满足情况，C_{so} 为单位惩罚成本，C_{so} 的值是 Λ_o 或 M_o。

基于共用系统的可复用物流资源调度多情景规划模型可以表示如下。式（7-1）表示取期望调度总成本的最小值。每个情景下的调度成本包括向客户分派所有资源的运输成本和装卸成本，向客户再分派所有资源的运输成本和装卸成本，回收所有资源的运输成本和装卸成本，库存成本，未满足或超过客户需求的惩罚成本（包括特定资源和非特定资源），未将待回收的所有资源收回的惩罚成本（包括确定待回收资源和极端不确定待回收资源），以及购买（租借）所有资源的成本。

$$
\begin{aligned}
\min f = \sum_{s \in S} w_s \Bigg(& \sum_{i \in I}\sum_{o \in O}\sum_{p \in P}\sum_{\ell \in L} C_{iop\ell}(X_{siop\ell} + Y_{siop\ell}) + \sum_{j \in J}\sum_{o \in O}\sum_{p \in P}\sum_{\ell \in L} C_{jop\ell}(X_{sjop\ell} + Y_{sjop\ell}) + \\
& \sum_{j \in J}\sum_{i \in I}\sum_{p \in P}\sum_{\ell \in L} C_{jip\ell} X_{sjip\ell} + \sum_{o \in O}\sum_{p \in P}\sum_{\ell \in L} U_{op\ell}\left(\sum_{i \in I}(X_{siop\ell} + Y_{siop\ell}) + \sum_{j \in J}(X_{sjop\ell} + Y_{sjop\ell})\right) + \\
& \sum_{i \in I}\sum_{p \in P}\sum_{\ell \in L} U_{ipl}\left(\sum_{o \in O}(X_{siop\ell} + Y_{siop\ell}) + \sum_{j \in J} X_{sjip\ell}\right) + \\
& \sum_{j \in J}\sum_{p \in P}\sum_{\ell \in L} U_{jpl}\left(\sum_{o \in O}(X_{sjop\ell} + Y_{sjop\ell}) + \sum_{i \in I} X_{sjip\ell}\right) + \\
& \sum_{i \in I}\sum_{p \in P}\sum_{\ell \in L} C_{ip\ell} K_{sip\ell} + \sum_{o \in O}\sum_{p \in P}\sum_{\ell \in L} C_{sop\ell}\left|K_{sop\ell}\right| + \sum_{o \in O} C_{so}\left|K_{so}\right| + \\
& \sum_{j \in J}\sum_{p \in P}\sum_{\ell \in L} C_{jp\ell} K_{sjp\ell} + \sum_{i \in I}\sum_{p \in P}\sum_{\ell \in L} C_{p\ell} H_{sip\ell} \Bigg)
\end{aligned} \tag{7-1}
$$

约束条件式（7-2）表示某情景下从某调度中心运输到所有客户的某种类型的某种型号资源的数量必须小于等于其该资源的可供给量（包括确定可供给量和极端不确定可供给量）和购买（租借）的该资源的数量之和。

$$\text{s.t.} \sum_{o\in O}(X_{siop\ell}+Y_{siop\ell}) \leqslant T_{ip\ell}+G_{sip\ell}+H_{sip\ell} \quad \forall i\in I,\forall p\in P,\forall \ell\in L,\forall s\in S \quad (7\text{-}2)$$

约束条件式（7-3）表示某情景下，从某客户再分派到所有客户的某种类型的某种型号资源的数量必须小于等于其待回收的该资源的数量（包括确定待回收数量和极端不确定待回收数量）乘以（1−毁坏率）。

$$\sum_{o\in O}(X_{sjop\ell}+Y_{sjop\ell})/(1-\tau_{sjp\ell})\leqslant T_{jp\ell}+G_{sjp\ell} \quad \forall j\in J,\forall p\in P,\forall \ell\in L,\forall s\in S \quad (7\text{-}3)$$

$$K_{sip\ell}=T_{ip\ell}+G_{sip\ell}+H_{sip\ell}-\sum_{o\in O}X_{siop\ell}-\sum_{o\in O}Y_{siop\ell}+\sum_{j\in J}X_{sjip\ell}$$

约束条件式（7-4）和式（7-5）表示某情景下期末某调度中心的资源库存量不能大于库存能力。

$$\forall i\in I,\forall p\in P,\forall \ell\in L,\forall s\in S \quad (7\text{-}4)$$

$$\sum_{p\in P}\sum_{\ell\in L} v_{p\ell}K_{sip\ell}\leqslant K_{si} \quad \forall i\in I,\forall s\in S \quad (7\text{-}5)$$

约束条件式（7-6）和式（7-7）表示某情景下，期末某客户未被回收的某种类型的某种型号资源的数量必须大于等于零。

$$K_{sjp\ell}=T_{jp\ell}+G_{sjp\ell}-\sum_{o\in O}X_{sjop\ell}-\sum_{i\in I}X_{sjip\ell}-\sum_{o\in O}Y_{sjop\ell}$$

$$\forall j\in J,\forall p\in P,\forall \ell\in L,\forall s\in S \quad (7\text{-}6)$$

$$K_{sjp\ell}\geqslant 0 \quad \forall j\in J,\forall p\in P,\forall \ell\in L,\forall s\in S \quad (7\text{-}7)$$

约束条件式（7-8）表示某客户确定待回收的某种类型的某种型号资源必须被全部回收。

$$\sum_{o\in O}X_{sjop\ell}+\sum_{i\in I}X_{sjip\ell}+\sum_{o\in O}Y_{sjop\ell}\geqslant T_{jp\ell} \quad \forall j\in J,\forall p\in P,\forall \ell\in L,\forall s\in S \quad (7\text{-}8)$$

约束条件式（7-9）表示某客户对某种类型的某种型号资源的确定需求必须被全部满足。

$$\sum_{i\in I}X_{siop\ell}+\sum_{j\in J}X_{sjop\ell}\geqslant R_{op\ell} \quad \forall o\in O,\forall p\in P,\forall \ell\in L,\forall s\in S \quad (7\text{-}9)$$

约束条件式（7-10）和式（7-11）表示某情景下某客户对某种类型的某种型号资源的需求满足情况及相应的单位惩罚成本。

$$K_{sop\ell}=R_{op\ell}+D_{sop\ell}-\sum_{i\in I}X_{siop\ell}-\sum_{j\in J}X_{sjop\ell}\qquad \forall o\in O,\forall p\in P,\forall \ell\in L,\forall s\in S \tag{7-10}$$

$$C_{sop\ell}=\begin{cases}\Lambda_{op\ell}, & K_{sop\ell}<0\\ 0, & K_{sop\ell}=0\\ M_{op\ell}, & K_{sop\ell}>0\end{cases}\qquad \forall o\in O,\forall p\in P,\forall \ell\in L,\forall s\in S \tag{7-11}$$

约束条件式（7-12）表示某客户对非特定资源的确定需求必须被全部满足。

$$\sum_{i\in I}\sum_{p\in P}\sum_{\ell\in L}\lambda_{op\ell}Y_{siop\ell}+\sum_{j\in J}\sum_{p\in P}\sum_{\ell\in L}\lambda_{op\ell}Y_{sjop\ell}\geqslant R_o\qquad \forall o\in O,\forall s\in S \tag{7-12}$$

约束条件式（7-13）和式（7-14）表示某情景下某客户对非特定资源的需求满足情况及相应的单位惩罚成本。

$$K_{so}=R_o+D_{so}-\sum_{i\in I}\sum_{p\in P}\sum_{\ell\in L}\lambda_{op\ell}Y_{siop\ell}-\sum_{j\in J}\sum_{p\in P}\sum_{\ell\in L}\lambda_{op\ell}Y_{sjop\ell}\qquad \forall o\in O,\forall s\in S \tag{7-13}$$

$$C_{so}=\begin{cases}\Lambda_o, & K_{so}<0\\ 0, & K_{so}=0\\ M_o, & K_{so}>0\end{cases}\qquad \forall o\in O,\forall s\in S \tag{7-14}$$

约束条件式（7-15）~（7-17）表示某情景下各线路运输的资源量不能大于其运输能力。

$$\sum_{p\in P}\sum_{\ell\in L}\psi_{p\ell}(X_{siop\ell}+Y_{siop\ell})\leqslant A_{sio}\qquad \forall i\in I,\ \forall o\in O,\forall s\in S \tag{7-15}$$

$$\sum_{p\in P}\sum_{\ell\in L}\psi_{p\ell}(X_{sjop\ell}+Y_{sjop\ell})\leqslant A_{sjo}\qquad \forall j\in J,\forall o\in O,\forall s\in S \tag{7-16}$$

$$\sum_{p\in P}\sum_{\ell\in L}\psi_{p\ell}X_{sjip\ell}\leqslant A_{sji}\qquad \forall j\in J,\forall i\in I,\forall s\in S \tag{7-17}$$

约束条件式（7-18）~（7-20）表示某情景下调度中心和客户处装卸的资源量不能大于其装卸能力。

$$\sum_{j\in J}\sum_{p\in P}\sum_{\ell\in L}\zeta_{p\ell}X_{sjip\ell}+\sum_{o\in O}\sum_{p\in P}\sum_{\ell\in L}\zeta_{p\ell}(X_{siop\ell}+Y_{siop\ell-})\leqslant N_{si}\quad \forall i\in I,\forall s\in S \tag{7-18}$$

$$\sum_{i\in I}\sum_{p\in P}\sum_{\ell\in L}\zeta_{p\ell}X_{sjip\ell}+\sum_{o\in O}\sum_{p\in P}\sum_{\ell\in L}\zeta_{p\ell}(X_{sjop\ell}+Y_{sjop\ell})\leqslant N_{sj}\quad \forall j\in J,\forall s\in S \tag{7-19}$$

$$\sum_{i\in I}\sum_{p\in P}\sum_{\ell\in L}\zeta_{p\ell}(X_{siop\ell}+Y_{siop\ell})+\sum_{j\in J}\sum_{p\in P}\sum_{\ell\in L}\zeta_{p\ell}(X_{sjop\ell}+Y_{sjop\ell})\leqslant N_{so}\quad \forall o\in O,\forall s\in S \tag{7-20}$$

约束条件式（7-21）~（7-26）用于保证模型解的唯一性。在该约束条件限制下，求得的解是所有情景下期望调度总成本最低的最优解，非某一情景下成本最低的最优解。

$$H_{sip\ell}=H_{zip\ell}\quad \forall i\in I,\forall p\in P,\forall \ell\in L,\forall s,z\in S \tag{7-21}$$

$$X_{siop\ell}=X_{ziop\ell}\quad \forall i\in I,\forall o\in O,\forall p\in P,\forall \ell\in L,\forall s,z\in S \tag{7-22}$$

$$X_{sjop\ell}=X_{zjop\ell}\quad \forall j\in J,\forall o\in O,\forall p\in P,\forall \ell\in L,\forall s,z\in S \tag{7-23}$$

$$X_{sjip\ell}=X_{zjip\ell}\quad \forall j\in J,\forall i\in I,\forall p\in P,\forall \ell\in L,\forall s,z\in S \tag{7-24}$$

$$Y_{siop\ell}=Y_{ziop\ell}\quad \forall i\in I,\forall o\in O,\forall p\in P,\forall \ell\in L,\forall s,z\in S \tag{7-25}$$

$$Y_{sjop\ell}=Y_{zjop\ell}\quad \forall j\in J,\forall o\in O,\forall p\in P,\forall \ell\in L,\forall s,z\in S \tag{7-26}$$

约束条件式（7-27）保证了所有的决策变量均为非负整数。

$$X_{siop\ell},X_{sjop\ell},X_{sjip\ell},Y_{siop\ell},Y_{sjop\ell},H_{sip\ell}\geqslant 0\text{且取整数}\quad \forall i\in I,\forall j\in J,\forall o\in O,\forall p\in P,\forall \ell\in L,\forall s\in S \tag{7-27}$$

7.3 可复用物流资源调度优化算例分析

7.3.1 算 例

由于目前尚没有本书所提出的同时存在多种类型、多种型号的资源，且资源可替代的可复用物流资源共用系统，因此本书仅用算例验证模型。假定某共用系统中有 2 个调度中心（$I=\{a,b\}$）；2 个客户的资源待回收（$J=\{c,d\}$）；2 个客户需要资源（$O=\{e,f\}$）；2 种类型资源（$P=\{p_1,p_2\}$），且每种类型资源又各有两种型号（$L=\{\ell_1,\ell_2\}$），即有 $p_1\ell_1$，$p_1\ell_2$，$p_2\ell_1$，$p_2\ell_2$ 共 4 种资源。如表 7-1 至表 7-4 所示为相关参数。从系统外购买（租借）4 种资源的单位成本分别为 4、3、2、1。由于 p_1 类资源属于较不易损坏的资源（如塑料箱式托盘），其毁坏的可能性均为 0.1，而 $p_2\ell_2$ 资源属于易损坏资源（如木制周转箱），毁坏的可能性为 0.8。p_1 和 p_2 两类资源占用的各种能力的系数均分别为 1.1 和 1。

表 7-1　单位运输成本

（$p_1\ell_1/p_1\ell_2/p_2\ell_1/p_2\ell_2$）	a	b	c	d	e	f
a	—	—	3/2/5/1	4/3/5/1	5/4/7/2	6/5/7/2
b	—	—	∞/∞/∞/∞	2/1/3/2	4/2/5/3	5/3/7/5
c	3/2/5/1	∞/∞/∞/∞	—	—	7/5/8/6	8/6/8/6
d	4/3/5/1	2/1/3/2	—	—	2/1/4/3	∞/∞/∞/∞
e	5/4/7/2	4/2/5/3	7/5/8/6	2/1/4/3	—	—
f	6/5/7/2	5/3/7/5	8/6/8/6	∞/∞/∞/∞	—	—

表 7-2　运输能力

（$s_1/s_2/s_3$）	a	b	c	d	e	f
a	—	—	1000	1000	400	500
b	—	—	0	700	300	500
c	1000	0	—	—	400	700
d	1000	700	—	—	300/300/0	0
e	400	300	400	300/300/0	—	—
f	500	500	700	0	—	—

表 7-3　供给和需求

（$s_1/s_2/s_3$）	$p_1\ell_1$	$p_1\ell_2$	$p_2\ell_1$	$p_2\ell_2$	NKT
a	95/100/105	100	50	100	—
b	200	150	100	100	—
c	200	50	100/200/300	50	—

续表

($s_1/s_2/s_3$)	$p_1\ell_1$	$p_1\ell_2$	$p_2\ell_1$	$p_2\ell_2$	NKT
d	400	80	100	50	—
e	100/200/300	120	0/100/200	100	100/200/300
f	200/400/600	200	0/200/400	100	100/200/300

注：所有客户对非特定资源的需求量简称 NKT。

表 7-4　其他参数

	装卸能力($s_1/s_2/s_3$)	库存能力($s_1/s_2/s_3$)	单位装卸成本($p_1\ell_1$ / $p_1\ell_2$ / $p_2\ell_1$ / $p_2\ell_2$)	单位库存成本(单位惩罚成本)($p_1\ell_1$ / $p_1\ell_2$ / $p_2\ell_1$ / $p_2\ell_2$ /NKT)
a	2000	2000	2/1/2/1	1/1/1/2/—
b	2200	1800/2000/2200	2/1/2/1	2/1/2/1/—
c	400/500/600	—	3/2/4/1	12/10/14/12/—
d	1000	—	2/1/4/1	10/8/12/6/—
e	1500	—	1/1/2/1	(12,20)/(12,20)/(13,22)/(13,22)/ (15,24)
f	1500	—	1/1/3/1	(12,20)/(12,20)/(14,23)/(14,23)/ (15,24)

假定 a 的 $p_1\ell_1$ 可供给量、b 的库存能力、所有客户对非特定资源的需求量（简称 NKT，实质为对 $p_2\ell_2$ 的需求可采用其他资源替代，其中 1 个 $p_1\ell_1$ 或 $p_1\ell_2$ 可替代 2 个 $p_2\ell_2$，1 个 $p_2\ell_1$ 可替代 1 个 $p_2\ell_2$ ）、c 的 $p_2\ell_1$ 待回收量、c 的装卸能力、c 和 d 的 $p_2\ell_1$ 的毁坏率、e 和 f 对 $p_1\ell_1$ 和 $p_2\ell_1$ 的需求量（另外按照合约规定，e 和 f 对 $p_1\ell_1$ 分别有确定需求 100 和 50）、d 到 e 的运输能力等为极端不确定因素。假定每个极端不确定因素均有 3 种可能的实现值，则有 3^{13}=1 594 323 种情景，利用情景生成树的方法[7]，可以降低问题的规模。本书将分析 3 种典型的情景（ $S=\{s_1,s_2,s_3\}$ ），如表 7-5 所示。

表 7-5　情景分析

极端不确定因素	s_1	s_2	s_3
a 的 $p_1\ell_1$ 可供给量	低 5%	期望	高 5%
c 需要回收的 $p_2\ell_1$	低 50%	期望	高 50%
所有客户对 $p_1\ell_1$ 需求量	低 50%	期望	高 50%
所有客户对 $p_2\ell_1$ 需求量	低 100%	期望	高 100%
d 到 e 的运输能力	期望	期望	0
b 的库存能力	低 10%	期望	高 10%
c 的装卸能力	低 20%	期望	高 20%
所有待回收 $p_2\ell_1$ 的毁坏率	0.5	0.1	0
所有客户对非特定资源的需求量	低 50%	期望	高 50%

通过合理分配权重（假定 $w_1 = 0.2$，$w_2 = 0.4$，$w_3 = 0.4$），求解模型可得最优方案的期望总调度成本为 33 247.80。最优方案分析如表 7-6、表 7-7 所示。由表 7-7 可知，除 $p_2\ell_1$ 型资源回收满足率较低外，其他各类型号的需求和回收满足率均较为理想（所有确定性需求已被 100%满足）。$p_2\ell_1$ 回收满足率低的原因是对客户 c 的满足率低（对客户 d 的满足率为 100%），而出现该问题的原因是 c 的装卸能力不足，如果将其装卸能力放大，则三种情景下的满足率将分别提高到 100%，66.7%和 50%。在该方案中，所有满足率都是在 s_3 发生时较低，这是因为最优方案不仅要满足 s_3 发生时的各类需求，更要保证期望总成本最低。

表 7-6　最优方案

$p_1\ell_1 / p_1\ell_2 / p_2\ell_1 / p_2\ell_2$	a	b	c	d
a	—	—	369/85/0/0	33/45/50/0
b	—	—	0/0/0/0	33/45/50/0
e	151/30/0/100	0/90/100/0	147/0/0/0	0/0/0/0
f	0/70/132/100	369/85/0/0	33/45/50/0	0/0/0/0
e（NKT）	0/0/0/100	0/0/0/100	0/0/0/0	0/0/0/0
f（NKT）	0/0/0/190	0/0/0/0	0/0/0/10	0/0/0/0
租赁	57/0/82/440	169/25/0/0	—	—

表 7-7 结果分析

情景	需求满足率/%				回收满足率/%				NKT 需求满足率/%
	$p_1\ell_1$	$p_1\ell_2$	$p_2\ell_1$	$p_2\ell_2$	$p_1\ell_1$	$p_1\ell_2$	$p_2\ell_1$	$p_2\ell_2$	
s_1	100	100	100	100	100	100	87.5	100	100
s_2	93.3	100	94	100	100	100	58.3	100	100
s_3	66.7	100	47	100	100	100	48.7	100	66.7

为了证明多情景规划模型的有效性，本书又假定 $w_1=0.4$，$w_2=0.4$，$w_3=0.2$ 求得了这种情况下的最优方案，并进一步利用确定模型求得了每种情景发生时的成本和期望总成本（确定模型即是假设管理者认为情景 s_2 一定发生），并将两个模型的结果进行对比，如表 7-8 所示。通过分析可以发现，从期望总成本的角度来看，无论未来如何变化，多情景规划模型都比确定模型更有效（两种情况下，多情景规划模型比确定模型期望总成本可分别降低 1.7%和 5.7%）。因为确定模型仅是在未来完全按照预期实现时才有效，一旦未来与预期不符，则其就必然失效；而多情景规划模型兼顾了各种可能发生的情况，且各种可能情况的发生概率是经过专家评估的，具有一定的可信性。当然多情景规划模型能否最有效地发挥其作用，很大程度上取决于对各类情景发生概率进行估计的专家水平。

表 7-8 多情景规划和确定模型的比较

总成本	w_1=0.2，w_2=0.4，w_3=0.4		w_1=0.4，w_2=0.4，w_3=0.2	
	确定模型	多情景规划模型	确定模型	多情景规划模型
s_1	27 730	31 269	27 730	21 114
s_2	25 835	24 240	25 835	27 383
s_3	44 840	43 245	44 840	46 388
期望总成本	33 816	33 247.80	30 394	28 676.4

7.3.2 分　析

尽管本书仅以算例验证了模型的有效性，但是正如引言部分所述，本书所提供的可复用物流资源调度多情景规划模型具有广阔的应用前景。下面以中欧班列为例说明。

开通中欧班列是我国实施“一带一路”战略、实现中华民族伟大复兴的重要举措。中欧班列自 2011 年首次开行至 2017 年 11 月 17 日已累计开行突破 6000 列，而仅 2017 年就已开行突破 3000 列，是 2011—2016 年 5 年数量的总和。目前中欧班列国内开行城市达到 34 个，到达欧洲 12 个国家 34 个城市。按照《中欧班列建设发展规划（2016—2020 年）》，中欧班列将设立 3 条运输通道、43 条运行线，包含国内 34 个节点城市，到达欧洲各国，到 2020 年中欧班列将达到年开行 5000 列左右。中欧班列具有货源品类丰富（包括小商品、电子产品、汽车及配件、家具等）、双向运营（返程运输欧洲出口中国的红酒、牛奶、汽车等）、覆盖范围广等特点，非常适合开展可复用物流资源共用。如果以中欧班列为纽带，构建起一个涵盖沿线国家所有参与方的可复用物流资源共用系统将极大地提高运营效率、降低作业成本。

中欧班列可复用物流资源共用系统建设可采取分阶段实施的方法，近期先建立国内中欧班列可复用物流资源共用系统，远期可建立中欧班列全线可复用物流资源共用系统。中欧班列可复用物流资源共用系统提供的集装箱型号应采用 40 英尺为主（目前中欧班列普遍采用的集装箱型号，与铁路车皮和挂车均可配套使用），托盘型号应采用 1.2 m×1.0 m 为主（我国国家标准优先推荐使用的托盘型号，亦是欧洲普遍采用的标准托盘之一），其他可复用物流资源应采用中国和欧洲国家最普遍使用的型号。中欧班列可复用物流资源系统应由专业公司运营，近期专业公司可分批次在 34 个中欧班列国内节点城市设置服务站（调度中心）。中欧班列可复用物流资源系统专业公司的运营管理可按 7.1 节所述流程进行，即调度中央负责整个系统的运营，各服务站负责为本区域内的货主、承运商等提供可复用物流资源共用服务。按此模式运作的中欧班列可复用物流资源共用系统管理者，可采取本书提供的方法进行资源调度优化管理。

7.4　本章小结

本章构建了可复用物流资源调度多情景规划模型，以一个典型的可复用物流资源调度问题为例进行了分析，验证了模型的有效性。数值分析结果表明，通过应用模型，可复用物流资源系统可获得较为满意的需求满足率和回收满足率（所有确定性需求已被100%满足），同时还表明算例考虑的两种情况下，多情景规划模型比确定模型的期望成本可分别降低1.7%和5.7%。研究成果可以在商业物流、应急物流、人道物流等各个涉及可复用物流资源的领域中应用，以中欧班列为例，提供了应用本书研究成果的方案。

第8章 托盘租赁公司运营优化的结论和展望

本书深入探讨了托盘租赁公司运营优化的方法与策略，为 CHEP、iGPS、PECO、PLUS 等国际知名托盘租赁企业，以及我国本土托盘租赁公司的管理者提供了应对“如何提升运营效率”这一挑战的理论依据和策略框架。通过对托盘租赁运营系统的全面剖析，不仅准确刻画了托盘租赁行业的运营逻辑，而且提出了一系列提高运营效率和效益的具体措施。重点结论包括：

（1）现有的托盘租赁定价方法不能适应市场的变化，本书提出了基于收益管理的两级定价方法（包括市场执行价格和重点客户的实际执行价格），该定价方法在成都 ZXY 托盘租赁公司得到了成功应用。

（2）本书采用随机规划和混合整数规划等方法，构建了托盘租赁服务站选址与托盘调度联合优化模型，通过算例验证了模型和算法的有效性，并建议决策者从市场情况、交通状况、政治环境、经济环境、自然环境和社会环境等多维度考虑，从而实现最优决策。

（3）提出了一个考虑 CO_2 排放的车队规模配置和托盘调度联合优化模型，基于 Python 软件开发了一种带有惯性因子的粒子群优化算法（IPSO）求解模型，通过算例证明了模型和算法的有效性，并建议 CO_2 排放量低的车辆的价格、租金和闲置成本不能太高。

（4）提出了多式联运网络中的托盘调度模型，并设计了两种改进的 PSO 算法求解模型，研究发现，应用多式联运网络中的托盘调度模型能获得更经济的调度方案，算例显示成本较采用单一的公路运输降低了 69.1%。

（5）采用随机机会约束规划的方法，构建了基于城市共同配送系统的托盘调度最优化模型，并用算例证明该模型能帮助决策者制定出科学的决策方案。通过分析交通拥堵对期望调度成本的影响，得出结论：最低期望调度成本与关键线路的交通拥堵情况呈正相关关系。

（6）构建了可复用物流资源调度多情景规划模型，以一个典型的可复用物流资源调度问题为例进行了分析，验证了模型的有效性。数值分析结果表明，通过应用模型，可复用物流资源系统可获得较为满意的需求满足率和回收满足率（所有确定性需求已被 100%满足），同时还表明算例考虑的两种情况下，多情景规划模型比确定模型的期望成本可分别降低 1.7%和 5.7%。

有关托盘租赁公司运营优化的研究仍处于起步阶段，具有广阔的发展空间，本书在此提出几点展望，以期为后续研究提供方向：

（1）促进运营管理透明化与可视化。信息技术在托盘租赁公司运营管理中的重要性毋庸置疑，因此托盘租赁公司需要将可视化技术融入运营管理，以提升管理的透明度和精确度。未来，应进一步探索实时监控托盘流转的技术，为管理者提供更直观的数据支持和决策依据。

（2）深化运营优化模型的研究。本书构建的运营优化模型为行业提供了有益的参考，但仍有待进一步完善。未来的研究应综合考虑更多变量，如托盘生命周期、模糊数据等，以构建更全面、精确的运营优化模型，更好地适应复杂多变的运营环境。

（3）探索跨行业合作与共享经济模式。托盘租赁公司应积极探索与其他行业的合作机会，推动资源共享和协同发展，通过共享经济模式，托盘租赁公司可以拓展服务范围，提高资源利用率，从而提升整体运营效率。

总体而言，本书为托盘租赁公司运营优化提供了理论指导和实践参考，但这一领域的研究和实践仍需不断探索和创新。我们期待未来的研究能够在此基础上继续推动托盘租赁行业的科技进步和管理创新，为行业的可持续发展注入新的活力。

参考文献

[1] 吴清一. 标准化是单元化物流的基础——论单元化物流之二[J]. 物流技术与应用, 2013, 18(7):104-106.

[2] 杨广太. 中外物流托盘共用系统运作模式的比较研究[D]. 南京：南京农业大学, 2011.

[3] 江宏, 刘磊. 建立托盘共用系统——提高物流作业效率的关键[J]. 物流技术与应用, 2001, 6(4):9-12.

[4] 坂井健二. 环境问题与托盘共用系统[J]. 物流技术与应用, 2003, 8(6):46-49.

[5] DON M. What makes reusable packaging systems work [J]. Logistics Information Management, 1996, 9(4):39-42.

[6] RABALLAND G, CARROLL E A. How do differing standards increase trade costs? The case of pallets [J]. The World Economy, 2007, 30(4): 685-702.

[7] WITT C E. Economics of pallet rental [J]. Material Handling Engineering, 1999, 54(9):47-48.

[8] ORLANDI E C. The values of pallets: An ethnography of exchange in the warehouse of an Italian supermarket [J]. Journal of Material Culture, 2017, 22 (1): 19-33.

[9] BRINDLEY C. Pallet math = profit$ for all: Experts study the economic feasibility of an industry cooperative pool [J]. Pallet Enterprise, 2010 (4):22-26.

[10] 孟国强, 孙珂. 我国托盘应用现状与发展建议[J]. 中国物流与采购, 2004(23): 12-16.

[11] 李太平. 建立我国物流托盘共用系统面临的问题与对策[J]. 华东经

济管理, 2006, 20(5):58-98.

[12] 何彦东，林云，王旭，等. 不确定环境下托盘调度多目标优化模型[J]. 系统工程, 2016 (11): 119-124

[13] BRINDLEY C. Asian expansion: LOSCAM reveals key insights for Asian pallet market growth [J]. Pallet Enterprise, 2014(8): 18-22.

[14] ZHANG Y Q. Logistics standardization in China: A focus on pallet standardization [J]. The Journal of International Trade & Commerce, 2017, 13 (5): 675-690.

[15] MICHEL R. Pallet Survey: How pallet trends stack up [J]. Modern Materials Handling, 2014(10): 30-34.

[16] ANON. Pallet pool: the hauliers speak out [J]. Materials Handling & Management, 1969, 20(11): 30-32.

[17] HARRIS J S, WORRELL J S. Pallet management system: a study of the implementation of UID/RFID technology for tracking shipping materials within the department of defense distribution network [R]. Monterey: NAVAL Postgraduate School, 2008.

[18] 王世鹏，顾学明. 建立适合我国国情的托盘循环共用系统[J].中国流通经济, 2014, 28(9): 21-27.

[19] 赖郁尘. 第三方物流企业在建立托盘共用系统中的作用[J]. 中国物流与采购, 2010(18): 60-61.

[20] 金寿松，熊秋香，蒋美仙，等. 中国托盘联营公司及其建设策略的研究[J]. 工业工程, 2008, 11(4): 19-23.

[21] RAY C D, MICHAEL J H, SCHOLNICK B N. Supply-chain system costs of alternative grocery industry pallet systems [J]. Forest Products Journal, 2006, 56(10):52-57.

[22] ROY D, CARRANO A L, PAZOUR J A, et al. Cost-effective pallet management strategies [J]. Transportation Research Part E: Logistics Transportation Research, 2016, 93(9): 358-371.

[23] LACEFIELD S. What's more “palatable”-renting or owning? [J]. Logistics Management, 2004, 43(4): 63-66.

[24] MOSQUEDA A. Pallet user education series: Red, white & blue: a cost

analysis of rental vs. white wood pallets [J]. Pallet Enterprise, 2009(7): 32-35, 38.

[25] GNONI M G, LETTERA G, ROLLO A. A simulation comparison analysis of effective pallet management scenarios [C]. International Conference on Industrial Engineering and Engineering Management, Signore, 2011: 1228-1232.

[26] ELIA V, GNONI M G. Designing an effective closed loop system for pallet management [J]. International Journal of Production Economics, 2015, 170 (12): 730-740.

[27] 徐琪. 物流托盘共用服务供应链系统及其优化管理[J]. 中国流通经济, 2010, 24(3): 22-25.

[28] LEBLANC R. Effective pallet management = data management: CPC embraces data- centric approach, third party certification as keys to success [J]. Pallet Enterprise, 2010(11): 21-23.

[29] GNONI M G, ROLLO A. A scenario analysis for evaluating RFID investments in pallet management [J]. International Journal of RF Technology Research, 2010, 2(1): 1-21.

[30] KIM T, GLOCK C H. On the use of RFID in the management of reusable containers in closed-loop supply chains under stochastic container return quantities [J]. Transportation Research Part E: Logistics Transportation Research, 2014, 64 (4): 12-27.

[31] ZHAO N. Quick response system for logistics pallets pooling service supply chain based on XML data sharing [J]. Lecture Notes in Electrical Engineering, 2011, 98(2): 367-374.

[32] Achamrah F E, Riane F, Bouras A, et al. Collaboration Mechanism for Shared Returnable Transport Items in Closed Loop Supply Chains[C]// ICORES. 2020: 247-254.

[33] BRINDLEY C. Position is everything: rising transport costs make pallet logistics more critical for success [J]. Pallet Enterprise, 2011(6): 24-28.

[34] DOUNGPATTRA N, JARUPAN L, ONGKUNARUK P. Simulation for transport pallet cost reduction in pet food manufacturing: an empirical

case study [J]. Packaging Technology and Science, 2012, 25(6):311-319.

[35] NI L, HE Y D, ZHOU L, et al. Robust control optimization of triple-echelon closed-loop pallet pool system in multi-uncertain environment [J]. Journal of Information and Computational Science, 2015, 12(7): 2635-2645.

[36] 周康，何世伟，宋瑞，等．共用模式下的空托盘调配决策方案优化[J]．控制与决策, 2015, 30(11): 2009-2013.

[37] ZHOU K, HE S W, SONG R. Optimization for service routes of pallet service center based on the pallet pool mode [J]. Computational Intelligence and Neuroscience, 2016, 2016(3): 1-11.

[38] BAKER D S. Proprietary pallets continue to plague recyclers, proposed Arizona law raises legal liability issue [J]. Pallet Enterprise, 2011(4): 38-45.

[39] CARRANO A L, PAZOUR J A, ROY D, et al. Selection of pallet management strategies based on carbon emissions impact [J]. International Journal of Production Economics, 2015, 164 (6): 258-270.

[40] BENGTSSONA J, LOGIEA J. Life cycle assessment of one-way and pooled pallet alternatives [J]. Procedia CIRP, 2015, 29 (4): 414-419.

[41] TORNESE F, CARRANO A L, THORN B K, et al. Carbon footprint analysis of pallet remanufacturing [J]. Journal of Cleaner Production, 2016, 126 (7): 630-642.

[42] TORNESE F, PAZOUR J A, THORN B K, et al. Investigating the environmental and economic impact of loading conditions and repositioning strategies for pallet pooling providers[J]. Journal of Cleaner Production, 2018, 172 (1): 155-168.

[43] BITRAN G, CALDENTEY R. An overview of pricing models for revenue management [J]. Manufacturing & Service Operations Management, 2003,5(3): 203-229.

[44] 陈康，郭利泉，杨忠振．基于混合航线结构的集装箱航线与空重箱运输综合优化模型[J]．系统工程理论与实践, 2014, 34(1): 122-128.

[45] SHI Y, EBERHART R C. A modified particle swarm optimizer[C].

Proceedings of the 1998 IEEE Conference on Evolutionary Computation, Piscataway: IEEE, 1998: 69-73.

[46] WANG Q, CHEN S, LUO X. An adaptive latent factor model via particle swarm optimization[J]. Neurocomputing, 2019, 369(12): 176-184.

[47] WANG J, LIU S. A novel discrete particle swarm optimization algorithm for solving bayesian network structures learning problem[J]. International Journal of Computer Mathematics, 2019, 96(12): 2423-2440.

[48] RATNAWEERA A, HALGAMUGE S K, WATSON H C. Self-organizing hierarchical particle swarm optimizer with time-varying acceleration coefficients[J]. IEEE Transaction on Evolutionary Computation, 2004, 8(3): 240-255.

[49] REN J, ZHAO Q, LIU B, et al. Selection of pallet management strategies from the perspective of supply chain cost with Anylogic software[J]. PloS One, 2019,14(6): 1-18.

[50] REN J, CHEN C, GAO B, et al. Performance evaluation of pallet rental companies: A non-oriented super-efficiency integer-valued DEA model [J]. IEEE Access, 2019, 17(7): 151628-151637.

[51] ILIC A, NG J W, BOWMAN P, et al. The value of RFID for RTI management[J]. Electronic Markets, 2009, 19(2-3): 125-135.

[52] XU Q. Pallet pool supply chain management[J]. China Business and Market, 2010, 24(3): 22-25.

[53] LI J B, HE S W, YIN W C. The study of pallet pooling information platform based on cloud computing[J]. Scientific Programming, 2018, 2018 (5): 1-5.

[54] REN J, LIU B, WANG Z. An optimization model for multi-type pallet allocation over a pallet pool[J]. Advances in Mechanical Engineering, 2017, 9(5): 1-9.

[55] ZHOU K, HE S, SONG R, et al. Optimization model and algorithm of empty pallets dispatching under the time-space network of express shipment[J]. Journal of Advanced Transport, 2018, 2018(11): 1-9.

[56] KESEN SE, ALIM M. Solution approaches for mixed pallet collection

problem: a case study in a logistic company[J]. Sigma Journal of Engineering and Natural Sciences, 2019, 37(3): 827-840.

[57] BILBAO M A, CARRANO A L, HEWITT M, et al. On the environmental impacts of pallet management operations[J]. Management Research Review, 2011, 34(11): 1222-1236.

[58] BENGTSSON J, LOGIE J. Life cycle assessment of one-way and pooled pallet alternatives[J]. Procedia CIRP, 2015, 29(1): 414-419.

[59] TORNESE F, PAZOUR J A, THORN B K, et al. Environmental and economic impacts of preemptive remanufacturing policies for block and stringer pallets[J]. Journal of Cleaner Production, 2019, 235(10): 1327-1337.

[60] ACCORSI R, BARUFFALDI G, MANZINI R, et al. Environmental impacts of reusable transport items: a case study of pallet pooling in a retailer supply chain[J]. Sustainability, 2019, 11(11): 1-13.

[61] KOČÍ V. Comparisons of environmental impacts between wood and plastic transport pallets[J]. Science of the Total Environment, 2019, 86(10): 514-528.

[62] United States Environmental Protection Agency. Fast facts U.S. transportation sector greenhouse gas emissions 1990-2017 [EB/OL]. [Jun. 2019]. Available from: https://nepis.epa.gov/Exe/ZyPDF.cgi?Dockey=P100WUHR. pdf.

[63] CLERC M, KENNEDY J. The particle swarm-explosion stability and convergence in a multidimensional complex space[J]. IEEE Transactions on evolutionary computation, 2002, 6(1): 58-73.

[64] DU Y Q, CHEN Q S, LAM J S L, et al. Modeling the impacts of tides and the virtual arrival policy in berth allocation[J]. Transportation Science, 2015, 49 (4): 939-956.

[65] 陈维荣，王伟颖，郑义斌，等. 局部阴影光伏发电系统中基于改进PSO 的 MPPT 控制[J]. 西南交通大学学报，2018, 53(6): 1095-1101, 1129.

[66] SHARMAA A, KUMARA R, PANIGRAHI B K, et al. Termite spatial

correlation based particle swarm optimization for unconstrained optimization[J]. Swarm and Evolutionary Computation, 2017, 33(4): 93-107.

[67] 周康，何世伟，宋瑞，等. 共用模式下的铁路空托盘调运优化模型[J]. 北京交通大学学报, 2014, 38(3): 22-26.

[68] 任建伟，章雪岩，张锦，等. 托盘共用系统调度多情景规划模型[J]. 系统工程理论与实践. 2014, 34(7): 1788-1798.

[69] 任建伟. 托盘共用系统调度优化研究[D]. 成都：西南交通大学, 2012.

[70] LIU B D, IWAMURA K. Chance Constrained Programming with Fuzzy Parameters [J].. Fuzzy Sets and Systems, 1998, 94(2): 227-237.

[71] 吉清凯, 胡祥培, 孙丽君. 集装箱空箱调度问题的研究现状与发展[J]. 系统工程理论与实践, 2014, 34(6): 1578-1586.

[72] POMEROL J. Scenario development and practical decision making under uncertainty[J]. Decision Support Systems, 2001, 31(2): 197-204.

[73] CHOONG S, Cole M, KUTANOGLU E. Empty container management for intermodal transportation networks[J]. Transportation Research Part E, 2002, 38(6): 423-438.

[74] FRANCESCO M, LAI M, ZUDDAS P. Maritime repositioning of empty containers under uncertain port disruptions[J]. Computers & Industrial Engineering, 2013, 64(3): 827-837.

[75] ZHENG J, SUN Z, ZHANG F. Measuring the perceived container leasing prices in liner shipping network design with empty container repositioning[J]. Transportation Research Part E, 2016, 94(10): 123-140.

[76] 蔡文学，钟冠恒，胡清浩，等. 基于Petri网的拖车到达调度优化模型与仿真[J]. 西南交通大学学报, 2015, 50(5): 898-904.

附录 A　第 4 章所用的 IPSO 代码

附录 B　第 4 章所用的 Lingo 代码